アメリカ、
19世紀末のくびき

杉山恵子

出窓社

クリスマス-タイム（イーストマン・ジョンソン画、1864年）
のちに、ニューヨーク、メトロポリタン美術館の副館長となるウィリアム・T・ブロジェット邸のパーラーに集う家族の肖像。

画家の妻と彼の犬（トマス・エーキンズ画、1884-89年）
19世紀後半を代表するアメリカの写実画家が描いた妻の肖像。
家庭に縛られ生気のない姿として描かれている。

リンカーンの少年時代（イーストマン・ジョンソン画、1868年）
貧しい身なりで読書に励む若きリンカーン像。19世紀後半、若
者を鼓舞する画家の思いが溢れている。

" With outstretched hand and smiling face,
He gave them welcome to the place."

ローズヴェルト大統領に面会する熊（セイモア・イートン作、絵本ローズヴェルト・ベアーズシリーズの一枚）アメリカ西部の開拓地から東海岸の大都会をめざして珍道中を繰り広げる二頭の熊が主人公の子供向け絵本。以降この熊たちはローズヴェルト大統領を応援する役割を担っていく。

グレスナー邸（シカゴの高級住宅街プレイリー通りに面した正面）
19世紀を代表するヘンリー・H・リチャードソンが最後に手掛けた邸宅建築。正面に見えるまぐさ窓の半地下の部屋が子供部屋だった。

グレスナー邸の図書室　当時、男性の居住領域とされた図書室で、妻フランセスは毎週女性クラブの会合をもった。手前にあるのは、夫のジョンが敬愛するリンカーンのデスマスクと手のレプリカ。

フランセス・グレスナー・リー製作の現場検証用ドールハウス（クローゼット内死体人形と解説図）今日でも警察官の現場検証の訓練用に使用されている。

バスタブの死体人形　女性の被害者には家庭内暴力の事例が多い。
人形の精巧さと蛇口から落ちる水が残虐さを際立たせている。

ハル・ハウス（再建された本館）
1889年、シカゴの貧しい移民地区で福祉活動を展開したセツルメント施設のシンボル。アート・ギャラリー、劇場、幼稚園、体育館、働く女性のための女子寮など13にも及ぶ施設があったが、再建は、本館とダイニング・ルームのみ。

ハル・ハウス内エレン・ゲイツ・スターの製本作業室
スターが敬愛したアーツ・アンド・クラフツ運動を代表するジョン・ラスキン、ウィリアム・モリス、製本の師T・J・コブデン-サンダソンの肖像画やその作品が壁に飾られている。

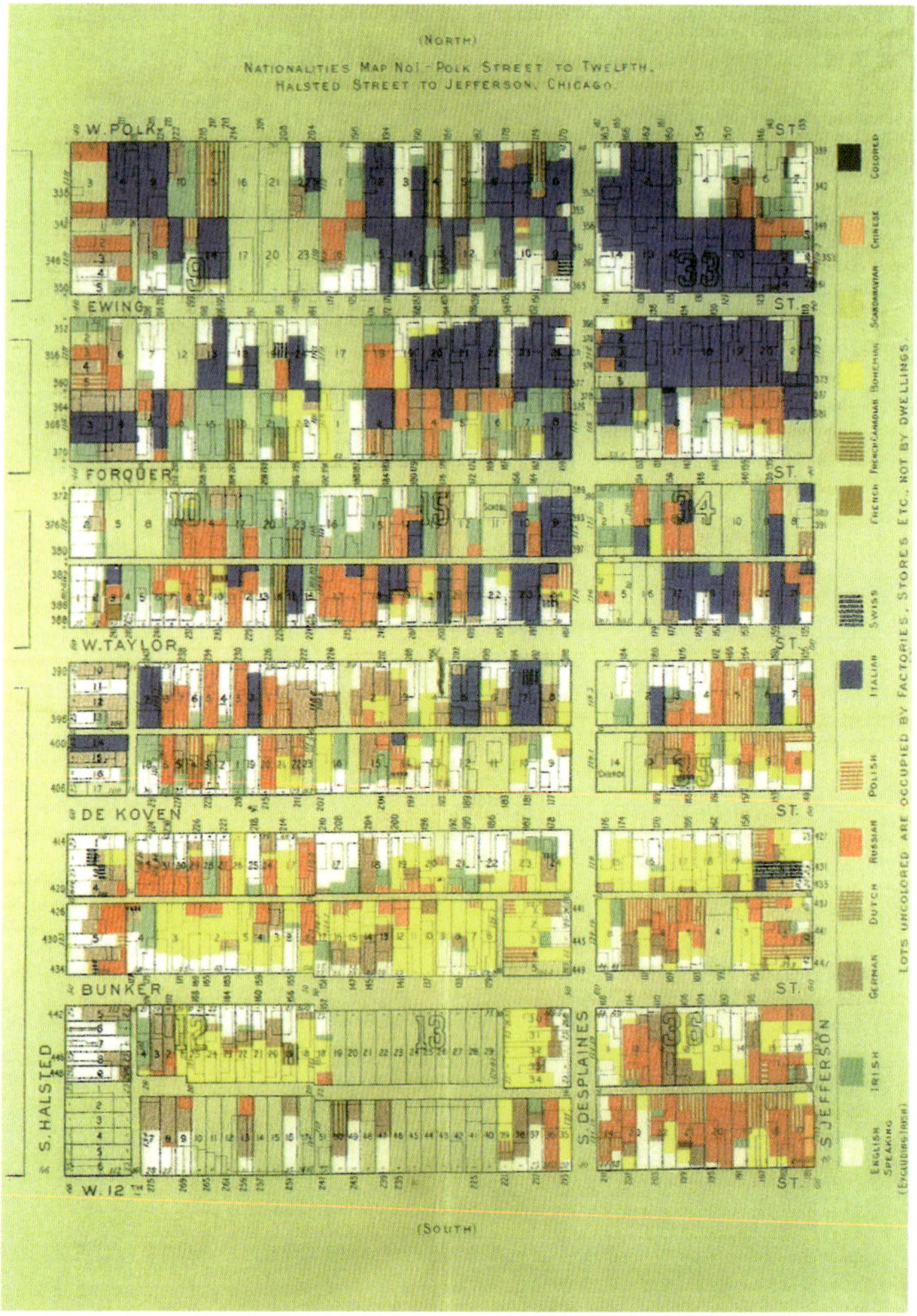

近隣移民地区の住居地図　ハル・ハウスの女性たちが移民地区を調査し、出身国籍、民族ごとに色分けして作成した。紺色のアフリカ系アメリカ人住居が突出しているが、居住区内にも格差があった。ほかに職業や収入、家族構成、投票行動を見極められる地図もある。社会学誕生の証左といわれている。

アメリカ、19世紀末のくびき

目次

はじめに

カプセル・トイという販売機がある。子供向けのキャラクター商品が丸いカプセルに入っていて、硬貨を入れ、つまみを回すとカプセルが出てくる。今ではショッピングモールや博物館、空港など、大人用にも販路を広げている。

そのカプセル・トイに「自由すぎる『自由の女神』シリーズ」があり人気だという。アメリカのニューヨークに立つ自由の女神をもじったものだ。丸いカプセルには、松明《トーチ》を掲げた立ち姿では入らない。寝転んだり、ヨガのポーズだったり、胡坐《あぐら》をかいていたりと、笑えるポーズらしい。なぜおかしいのか、私たち日本人にとっても、あの像は雄々しく立っているもの、神聖な女性像と刷り込まれているからだろう。

最初にこの像の影響力を明確に語ったのは、永井荷風『あめりか物語』(一九〇五年)だろう。「自分はいままで、このような威儀犯すべからざる銅像を見たことがない。覚えず知らず身を擲《なげう》ってその足元に拝伏したいような感がする……この銅像は新大陸の代表者、新思想の説明書であると同時に、百万の要塞よりもさらに強力な米国精神の保護者である」[*1]と。

国境に壁を作りたがるトランプ大統領にもぜひ聞かせたい。

私たちにも自由の女神として刷り込まれた、この像の本当の呼び名は、「自由の像（Statue of Liberty）」で女神の一語はない。アメリカの独立を支援したフランスが、友好と共和主義安定の見本として計画し、贈呈した。像のミニチュアはセーヌ河にも立っている。彫刻家の名はフレデリック・バルトルディ。自身の母親をモデルにしたという。鉄骨構造はエッフェル塔の製作者、ギュスターヴ・エッフェルである。

フィラデルフィア万国博覧会で
展示された自由の女神の右手

左手には、アメリカ合衆国独立宣言の銘板を持つ。アメリカ独立百年を祝うフィラデルフィア万国博覧会（一八七六年）までに完成するはずが、松明を持った右手部分のみが完成し、展示された。ソフトクリームを持ったような不思議な右腕の写真が残っている。熱狂もない。神聖さもない。

アメリカ政府が請け負った台座を造る作業も滞った。完成は一八八六年。移民を歓迎する言葉が台座に刻まれたが、移民を歓迎するムードも、この像の本来の共和主義の精神も当時理解されていたとは言い難い。それどころか移民を管理する入国審査場を、この像の立つ島の隣、エリス島に建設した。独立宣言の銘板を持ち、高らかに松明を掲げるアメリカと、まるで台座の上で足踏みをしているようなアメリカ。常にこうした落差を抱え続けるアメリカが本書のテーマである。

1886年の完成を祝う自由の女神
（エドワード　P・モラン画）

「自由の像」が神聖視されていくのは二十世紀に入ってからのことである。松明はもともと実用だった。灯台として利用されていたからだが、この像が、湾の外側を向いていたことが決定的だった。入港する船の甲板からは、まるで歓迎するかのように見えたからである。

　十九世紀末、アメリカは世界の強国へと着々と歩みを進めていた。ヨーロッパに後《おく》れを取っていたアメリカはその広大な大地の資源をもとに、資本主義を発達させ、イギリス、ドイツを抜き去り、世界一の工業国になろうとしていた。仕事を求めて、あるいは迫害を逃れて東欧、南欧からアメリカにやってくる安価な労働力が、さらに後押しした。移民の八五%が上陸したニューヨーク、彼らにとって、「自由の像」はかけがえのないものになっていった。

これを、連邦政府が利用し始める。建造五十周年記念の一九三六年ごろからだろう。ナチスドイツと対抗するためにも、国内の移民の子孫の影響力に応えるためにも、アメリカの政治理念の象徴として利用していった。航空便切手の図柄になるのが、一九四〇年。キューバ難民の受け入れの署名もこの像の元で行われた。世俗的であったこの像が神聖視され、アメリカの精神として刻まれていったのが、二十世紀、アメリカの世紀であった。私たちの知るアメリカのシンボルである[*2]。

しかし、そこで謳《うた》われる「自由と平等」とは、独立宣言が「証明を必要としないほど明らか(self-evident「自明」)というのだが、その実現の方法は決して自明ではない。二十一世紀になっても、掲げた松明の理念と台座の現実は乖離《かいり》したまま、まして世界に向けてかつてのような魅力を放ってはいない。

二十一世紀のアメリカを問うにあたって、本書の舞台は十九世紀後半に遡らなければならない。全ての根源は、この時代にあるからである。。アメリカが南北に分かれて戦った南北戦争後のアメリカである。
奴隷制度を一掃したうえで新たなアメリカ像を訴えたエイブラハム・リンカーンは、その演説で、「ユニオン（連合）」という特徴的な用語を使わなかった。奴隷制度を持つ南部との融合が独立以来この連邦政府の自己認識だったが、リンカーン大統領は代わりに、「ネーション」、すなわち国民国家の一語をアメリカ再建の出発に贈った。三分にも満たない二七〇語の演説の中で、五回も生まれ変わった国家が地上から消え去ってはいけないと「ネーション」を叫ぶのである。激戦地ゲティスバーグでなされたその演説は、最後に「人民の、人民による、人民のための政府」を新たな国民国家の指針に謳《うた》った。共和国の理念、民主主義のあるべき姿を分かりやすく説明したのである。しかし、この新しい国家をどう実現すべきなのか。暗殺された彼は、見届けることができなかった。

本書で取り上げたのは、この新たな共和国の在り方を模索し、いわば松明と台座のギャップに挑戦した人々である。取り上げた人々の名を今日知る人は少ない。美術館関係者、画家、教育関係者、実業家とその妻、セツルメント関係者など、地位も地域もばらばらな人々である。しかし、振り返ってみると、彼らが南北戦争後の新しいアメリカを生き、今日に続く軌跡を残していることが見えてくる。共和国の人民となる青少年教育の模索を通して、人民の政府に関わることさえ許されなかった女性たちの活動を通して、アメリカの人民にさえなれない、異人種や異教徒への取り組みを通して。

　彼らの営みの末路は決して明るいものではない。むしろ妥協と敗北、いやタブー視され排除され忘れ去られた存在である。そして、当人たちが望むと望まざるに関わらず、世界を席巻するアメリカの世紀へと橋渡しをした。行政府を拡大し、海外へと進出する帝国主義の到来に歯止めをかけることはできなかった。格差の是正も、移民対策も、宗教的寛容も置き去りにされ、未解決の課題は、二十世紀を超え、二十一世紀に持ち越されたままだ。

　しょせん国力が増し、膨張が可能にしてきた豊かさの中での試みであったというのはやさしい。しかし、ここで取り上げた人々の営みとその軌跡は、新しい環境の到来、今までの制度が機能しなくなった現実、異教の人々の登場に至って、共和国の在り方を問い直し、考え直す勇気、変わる勇気を伝えている。そこに多様性を確認し、普遍とされた国是にも挑戦していた姿をも見ることができる。

　この共和国の在り方を問い続けることを、今のアメリカは忘れてしまっている。掲げた松明を見直すことも、その台座を見直すことも、ましてそのギャップを埋めることも忘れてしまっている。しかし、新しい環境に立ち向かう勇気、他者に出会って変わる勇気は、なにも十九世紀のアメリカに限った課題ではないだろう。

　本書の第一章は、南北戦争中の、リンカーン支持者の邸宅のパーラー（談話室）を描いた絵である。邸宅の近隣で吹き荒れる新参のアイルランド移民による徴兵反対暴動もものともせず、豊かさの中で集う家族の姿が描かれている。しかし、そこには、アメリカを分断しているさまざまな緊張が横たわっている。北と南、白人と黒人、男性と女性、先住者と移民といった、今日まで続く緊張関係の数々である。解放黒人へのみせかけのやさしさと恐怖、さらには、北部勝利によってもたらされる帝国主義への野望と富の収奪を見せ始めた富裕層の家族の情景を糸口に、十九世紀末から今日に続くアメリカを紐解いていきたい。

第一章　ウィリアム・T・ブロジェットの奴隷解放

パーラーに集う家族が隠す不安と怖れ

ニューヨーク、五番街に面したセントラルパーク内にメトロポリタン美術館がある。観光名所としても名高い巨大な美術館は、国立でも州立でも市立でもなく、私設である。

一八六六年、日本では明治維新前夜の激動の時代である。アメリカから遠く離れたパリで七月四日の独立記念日を祝うアメリカ人名士たちの集まりが催された。そしてこの時、美術館創設の企画が生まれた。開館は一八七〇年。一八八〇年に現在地に移り、ヨーロッパに後れを取ったアメリカを牽引する壮大な文化事業へと歩み始めた。南北戦争後のアメリカの豊かさがもたらした富豪たちの美術品の購買意欲、それらが次々と寄付されたことから生まれたその美術館は、私設だが、公共であること、入場無料であることを誇った。

この美術館内にアメリカ翼《よく》と呼ばれるアメリカ美術の殿堂がある。アメリカ美術というと近代絵画を収蔵するMOMAと呼ばれるニューヨーク近代美術館を思い浮かべるかもしれないが、一九八〇年、百周年を記念してアメリカ翼は設立され、その後改装されて今日に至る。巨大な美術館の中に、丸ごとアメリカの館を持ち込み、アメリカの植民地時代の家具や調度品から、二十世紀に至るアメリカ美術を建築様式の変化も含めて歩きながら見て回ることができる。

デラウェア河を渡るジョージ・ワシントン

アメリカ翼の入口を飾るのは、独立戦争時にイギリス軍と戦う初代大統領ジョージ・ワシントンのデラウェア河を渡る絵画である。ワシントンの決意、その雄々しさを際立たせるため三角形の構図の中心にワシントンが立つ巨大な絵画である。だが、誤りに満ちた絵画でもある。氷の張った酷寒の河がそもそも事実ではない。なにより、ワシントンの後ろではためく巨大なアメリカ国旗、独立戦争のこの時期、国旗はまだ誕生していない、という具合だ。一八五一年、奴隷制度をめぐり南北が利害対立するなか、連邦政府をつなぎとめる願いを象徴する絵画であった。[*1]

このアメリカの歴史と文化を語り継ぐ殿堂の改装記念に、かつて、オバマ前大統領夫人ミッシェル・オバマが訪れて、その意義を語っている。「創造性を生むわが国家の未来は、すべての人が平等に、自由に美術と文化的機会に開かれていることにかかっています」と。二〇〇九年五月十八日の報道である。平等と自由、アメリカであることの証を謳う、アメリカのシンボルである。[*2]

このアメリカ翼には、十九世紀末、この美術館創設に関わった一人、ウィリアム・T・プロジェットとその家族の肖像も、ひっそりと飾られている。まずはその絵を見てみよう。[*3]

天井の高い、薄暗い一室だ。裕福な家族が描かれている。家具、その色調、室内装飾、大きな扉。そして何より、彼らの美しい衣装。絵画のタイトルは「クリスマス-タイム」である。着飾っているように見えるのはそのためだろうか。絵の右奥になんとかクリスマスツリーが確認できる。

父親の様子を見てみよう。立って家族を上から見下ろし、満足げに見守っているように見える。威厳ある姿に描かれている。

母親はどうだろう。絵の中心にゆったりと座って、やさしく微笑んでいる。心なしか、疲れているようにも見えるが、椅子にもたれかかっているせいかもしれない。衣装も子供たちの華やかさに比べると地味な印象である。手にしているのは本だろう。読書中に子供たちのにぎやかな様子に顔をあげた瞬間にも思える。それにしても、絵画の中心に母親が位置していることに驚かされる。

こうした父母に見守られた子供たちが三人。光が当てられ、美しい衣装が目を引く。ひときわ輝く、白いドレスの女の子が一心に見つめる先は何だろう。にわかには判別できない。

クリスマス-タイム（イーストマン・ジョンソン画）（口絵参照）

時間が止まったような絵の中で、顔はみえないが唯一身体を回転させ、動きを感じさせているのは、この家の長男だろう。身体をひねった男の子が見ているのは、人形だろうか。クリスマスのプレゼントかもしれない。そのように語りかけている絵画であることがだんだん判明してくる。彼らの視線は、テーブルの上の小さな人形に集中している。黒い人形である。兵隊姿のようにも見える。小さな女の子は自分の子犬のおもちゃを投げ出してまで、人形に見入っている。

クリスマスの家族の団欒、一瞬を切り取ったようなこの絵画は、一八六四年、イーストマン・ジョンソンによって描かれた。依頼主はこの絵の左方に立つ、ウィリアム・T・ブロジェットである。ブロジェットは、ニューヨークのメトロポリタン美術館の創設者の一人である。

一八六六年、ブロジェットはルーブル美術館を見学し、打ちのめされるような衝撃を受けたという。アメリカには何もない。レオナルド・ダ・ヴィンチもない、ギリシャやエジプトからもたらされた戦利品もない。ニューヨークにもルーブルのような美術館がほしい。

しかし、どのような美術館が可能であろうか。ブロジェットが最初に購入し、美術館に寄贈し、最初の収蔵品の一つになった絵画が、この絵に描かれている。暗くてよく見えないが、左側の壁に掛かっている、アメリカ人画家、フレデリック・チャーチの描いた、「アンデスのこころ」（一八五九年）というタイトルの絵画である。結局、神々しい自然を描いた絵画でしか、ヨーロッパ文明に対抗できない、彼のそんな思いもあったろう。

アメリカ絵画史を紐解くと、十九世紀に入ってから、「ハドソン・リヴァー派」というアメリカ絵画特有の自然を描く人々が活躍し始める。創始者のトマス・コールと並んで、チャーチもその一人だ。ナイアガラ瀑布や広大な山河など、ヨーロッパにないアメリカの大自然を求め、描き、誇るアメリカの画家たちの登場である。高額の購入価格であったというが、ブロジェットは、この「アンデスのこころ」を惜しげもなく美術館に寄贈した。しかし、当時もてはやされた大自然を描いたといっても、画題は遠い南アメリカ大陸である。東海岸から太平洋に西進していたアメリカは、西部だけではなく、南アメリカ大陸まで、自分たちの庭であるかのように射程にいれていたのであろうか。

イーストマン・ジョンソンの「クリスマス-タイム」は、十九世紀後半のアメリカを考えるにあたって、非常に示唆に富んでいる。描かれた一八六四年はアメリカでは南北戦争中である。クリスマスシーズンであることは、後ろに描かれたツリーに見ることができるが、この裕福な家庭にしては、ツリーの飾りが質素に見えるのは戦争中だったからだろう。

塗装材ニスの製造・販売で成功したニューヨークの名士の一人、ブロジェットは熱烈な共和党支持者だった。共和党は一八五四年に誕生し今日まで続くアメリカ二大政党の一つである。もとは奴隷制度拡大反対をスローガンにしていた自由土地党を基盤に支持者を広げた北部の政党であり、リンカーンが立った政党である。北部の奴隷制拡大反対の勢力から選出された大統領の誕生は、それまで、議会で拮抗していた北部と南部の勢力図を大きく変え、ついには南部の連邦脱退へと続いていった。

十九世紀後半を考えるにあたって、エイブラハム・リンカーンの遺産を語らないわけにはいかない。南北戦争が長引くにつれて、リンカーンが奴隷制度の拡大反対から廃止へと方針を変化させていったことは、よく知られている。アメリカの分裂を防ぐことが最優先であったが、当初は奴隷制を南部地域に封じ込めることが可能だと思っていた。しかし、綿花で繋がりの深いイギリスが自国の利益のため、南部連合を承認する動きをみせた。リンカーンは、この動きをなんとしても阻止しなければならなかった。奴隷制度拡大阻止の立場から転換し、廃止という道義的目的を謳うことで、南北戦争を北部の聖戦にし、外国からの南部支援を断ち切り、国内においても勝利への意欲を見せることに繋がっていくのである。拡大反対から廃止へと変わった直後が、この絵画の描かれた時期である。

その奴隷解放宣言の公布は一八六二年、そして実効は一八六三年一月、さらに、戦争で流された大量の血をつぐない、新たなる民主主義誕生を謳った、激戦地ゲティスバーグでの演説が一八六三年十一月に続く。

この演説は八十七年前の建国時代に聴衆を誘うところからは始まっている。八七という数字も、二〇かける四足《た》す七、という聖書などに使われる古い数の数え方で始まる。いつのことだろうと歴史を振り返る時間を聴衆に与えている。聞いてみよう。

「八十七年前、私たちの父たちがこの大地に新しい国を生み出しました。その国は自由という理念に基づいて生まれ、人間は皆平等に作られているという主張に身を捧げてきました」

ここでは、「生み出す」の語にconceiveという単語を使っている。「創設する」、「考え出す」の意で使われる単語だが、「生む」という意味でも、妊娠の際の「子宮に着床する」という意の単語である。まさに、新しい生命が生まれる際の最初の、最小の一語で、アメリカ誕生のか弱さを際立たせている。

八十七年前はアメリカ独立宣言の年である。「人間は皆平等に作られている」は独立宣言の文言そのものである。憲法が制定された年ではない。なぜなら、アメリカ合衆国憲法は奴隷制度を容認する文言を含んでいたからである。各州の下院代表数を決める州人口の算定に、奴隷人口を五分の三人として加算する条項が含まれていたのだ（アメリカ合衆国憲法第一条、二節、三項）。そうしなければ、奴隷制度を持つ南部を連邦憲法への合意に取り込めなかったからである。南部の奴隷人口の海の中に漂う、少数の白人人口では、北部に対抗するだけの代表を連邦議会下院に送り込めなかった。

演説に戻ろう。その気高い主張で始まった小さな国は、いまや南北戦争の真っ只中で、激戦の地ゲティスバーグでは四万人にもおよぶ双方の死者を出した。今、その死者たちを弔うためにこの地に集っている。

演説はいよいよ佳境に入る。

「私たち生きている者がなすべきことは、ここで闘った者たちが進めてきた未完の仕事に身を捧げることです。目の前に残された偉大な仕事に取り組まなければなりません。死者たちが全身全霊をかけて守ろうとした大義を、私たちはよりいっそうの決意を持って守ること。彼らの死を決して無駄にしないこと。この国が神のもとで、新しい自由の誕生（New Birth of Freedom）を迎えられるようにすること。そして、この人民の人民による人民のための政府が決してこの地上から消滅しないようにすることです[*4]」

戦死者を無駄にしてはいけない。戦場で彼らが流した血を無駄にしてはいけない。流した血は奴隷制度を廃止して新たな生命を得た国家を生み出すためのものだったと。着床で始まった小さな生命が、大量の出血を伴って新しい赤子が生まれ出るにも似たイメージを漂わせて、この演説は終わっている。

わずか二七〇語の、時間にして三分にも満たない演説である。独立宣言の趣旨、共和国の依って立つところ、民主主義を分かりやすく説明した素晴らしい演説だったが、リンカーン自身は戦後を見ることなく、南北戦争終結直後、観劇中に、南部連合支持者の俳優ウィリアム・ブースに暗殺された。

しかし、リンカーンが遺した課題は、その後どのように波及していくのであろうか。アメリカの歴史区分で「再建期」といわれるこの時期は、まず北部主導で進められた南部の連邦復帰をめぐる政治史の混乱が、挙げられる。政治が混乱する中、翻弄される黒人解放奴隷の状況は、多くの歴史書が語っている。勝利した北部は、広大な大地を巨大な資本主義国家へと邁進させていくが、南部地域を置き去りにしていく。

戻ろう。北部白人家庭のこのクリスマスの一室でも、戦後への不安と行く末が描かれている。読み解く鍵は、子供たちの目線が向かう先、黒人兵の姿をしたおもちゃである。おもちゃの存在を探り当てた美術史家のスーザン・ボツガーによれば、当時手動で動く黒人兵のおもちゃがよく売られていたという。人形の図面をみると、ばねや糸の仕掛けによって、手元で自由に跳ねたり、歩かせたりできたそうだ。戦争後の世代を担う白人の男の子に持たせて遊ばせたのは、戦争終結後の北部支配の考え方の象徴である、とボツガーは言う。[*5] 意のままに、動かせるおもちゃのような黒人像。兵隊姿の、まるで

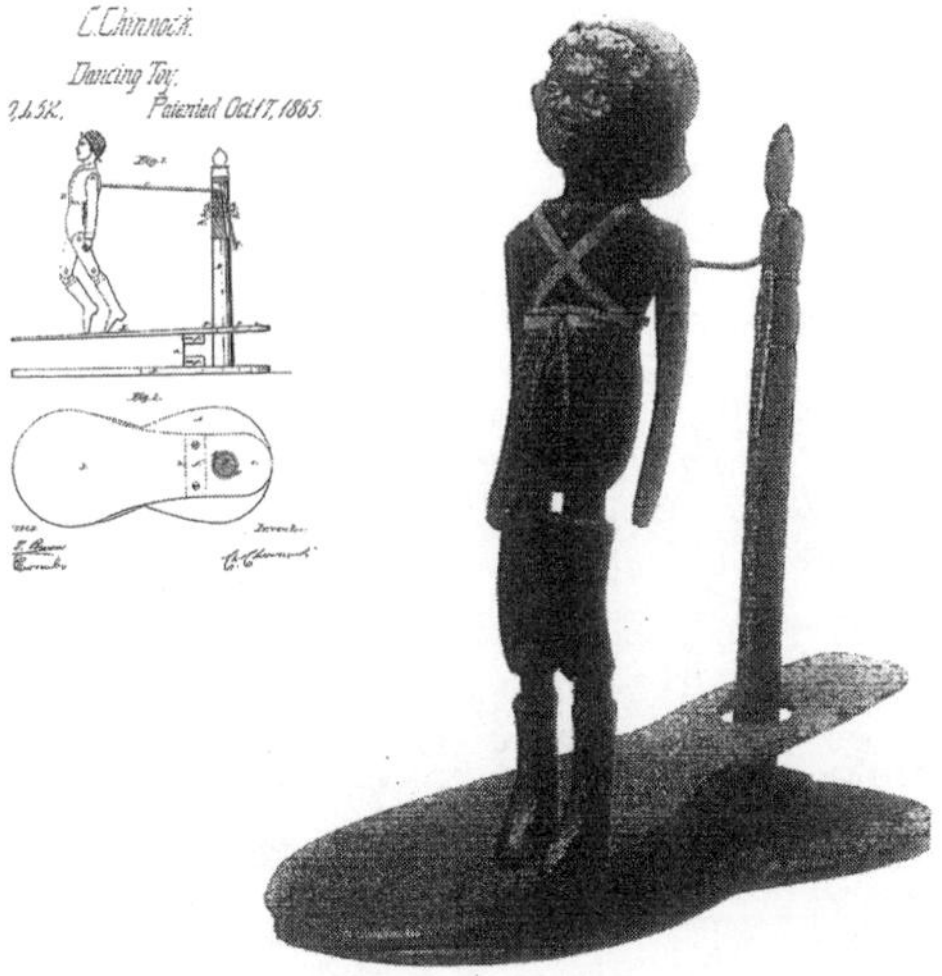

ダンシング・トイ（黒人の少年兵）

子供を思わせる表情の人形は、北部白人が望む、黒人像だった。幸せそうな家族団欒のなかで、子供へのプレセントとして描かれていることが、残酷さを際立たせている。

この像は、実際に南北戦争中に戦場に向かった黒人兵とはかけ離れている。思い出されるのは、逃亡奴隷として北部に逃れ、黒人奴隷の解放を訴え続けたフレデリック・ダグラスが、当時多くの黒人に北軍に入ることを奨励していたことだろう。当初、ダグラスはボストンで、アボリショニストと呼ばれる即時奴隷解放主義者たちと行動を共にしていた。中心であった白人指導者、W・L・ギャリソンの名を知る人も多いだろう。しかし、奴隷制度を容認する箇所が書かれた憲法を聴衆の前で焼き捨て、即時奴隷制度廃止を求める過激さから、ダグラスは距離を置き始める。憲法を焼き捨てる行為は、暴挙とみなされ、支持者を獲得するどころか、ますますアボリショニストへの反感を強めていったからである。

ダグラスは、一八四七年に機関誌『北極星』を創刊し、以来その見事な演説で奴隷解放を訴え続けた。南北戦争が勃発すると、黒人兵の徴用をリンカーンに進言したが、白人兵士の士気を削ぐと反対されたという。しかし、奴隷解放宣言後、黒人兵の徴用に方針が転換されると、ダグラスは兵士として戦うことが、市民権に繋がると黒人たちに切々と訴えた。「今しかない。即時志願せよ。いまこそ黄金のときが訪れた。この機会を逃すな」。次々とあおる言葉を発信した。[*6]

その結果、二十万人にも及ぶ黒人兵が北軍に志願した。全体の九~一二%であったという。うち四万人が死亡。多くの兵士がそうであったように、七千人といわれた戦闘での死亡者より、不衛生な環境での赤痢やチフスによる死亡者が大多数を占める。白人兵と同等の支給品があるのだと、勧誘時に語ったダグラスの言葉とは裏腹に、北軍の青の軍服は白人兵には支給されたが、黒人兵たちは自分で調達しなければならなかった。志願した黒人兵たちに、どれほどの決意と、奴隷解放後の世界への期待がそこにあったろう。市民権獲得の希望。しかし、クリスマスプレゼントに人形をもらって小躍りしている少年の手に牛耳られる黒人たちの未来は、決して明るいものではないことを、この絵は暗示している。

　ダグラスは黒人たちに志願を訴える文面の最後に、こうも言っていた。「今まで我々に向けられてきた汚名をすすぐときになる」[7]。そのすすぎたい汚名とはどういう意味であろう。兵士として従軍することで得られる市民の証明は、男らしさの証明でもあった。無能や、だらしなさという白人が持つ黒人男性への偏見と侮蔑、そこには、黒人男性の男らしさへの恐れが潜んでいた。幼い子供像として造形された黒人兵は、ダグラスが期待した男らしさの証明からかけ離れている。そこには黒人を幼児化することで得られる北部の白人の安心感が横たわっているのだ。

　ダグラスが汚名と言った黒人男性像とは、主にアイルランドからの移民たちによって演じられたミンストレル・ショーに登場する黒人像であろう。顔を黒く塗りたて、極端に醜く造形された黒人像である。笑いを取るために無能さやだらしなさが誇張されて演じられた。

　一方、ダグラスが、一家に一枚掲げるべきだと称賛した黒人政治家の肖像がある。黒人のおも

ハイラム・R・レヴェルズの肖像

ちゃの表情と比べてほしい。南北戦争直後の明るい未来を夢見た短い時期に、選挙権があたえられた結果ミシシッピ州から選出された初の黒人上院議員、「ハイラム・R・レヴェルズの肖像」（一八七九年）である。ドイツ生まれの画家、テオドア・カフマンによって描かれた肖像である。カフマンはアメリカへ移住後、北軍に志願するほど奴隷解放に理解があったが、晩年はパリでの活躍を夢見て旅立ったという。黒人を等身大に描いた当時は稀有な画家である。[*8]

そもそも、アメリカ絵画において黒人像が等身大に描かれたことがあっただろうか。男性は常に楽器をもった楽士や道化師として、女性ならば貧しい衣装をまとったメイドとしてステレオタイプ化されてきたのではなかったか。アメリカ絵画史に名を残すトマス・エーキンズの絵画、たとえば「狩猟に出るウィル・シュースターと黒人男」は、水先案内を務める黒人に名前はない。これもアメリカ絵画史に名を残すウィンスロー・ホーマーも、記憶に残るわずかな黒人像は、ミツバチを世話する黒人少年の絵画だろうか。解放奴隷にわずかな光がさした短い期間に描かれた

狩猟に出るウィルス・シュースターと黒人男（トマス・エーキンズ画）

蜜蜂の世話をする黒人の少年（ウィンスロー・ホーマー画）

ものだが、ミツバチは勤勉の象徴、背景には勤勉さが疑われてきた黒人奴隷たちへのステレオタイプが垣間見える。[*9] 一方、ダグラスが称賛したレヴェルズ像はワイシャツにネクタイ姿、礼節と知性を全面に、新しい黒人像を打ち出している。

描かれた黒人像への抵抗は、二十世紀初頭の黒人解放指導者、W・E・B・デュボイスに引き継がれている。一九〇九年、全米黒人地位向上協会を創設したメンバーの一人である。デュボイスは黒人を貶《おとし》めて描く絵画を拒絶するように、当時の新しい記録媒体である写真を使用した。人間性をそのまま伝える媒体として。ダーウィンの「進化論」がもたらした誤った人種理解に対抗する、その写真集のタイトルも『アメリカ黒人（ニグロ）のタイプ――ジョージア、USA』（一九〇〇年）という。きりっと前を見据えた輝く少年の目、ワイシャツにネクタイ姿の将来を嘱望《しょくぼう》される凛々《りり》しい黒人像だ。写真ならば、侮《あなど》られることなく、自らの望む黒人像を捉え発信することができる、とデュボイスは確信していたという。[*10]

黒人写真（デェボイス選）

おもちゃにされたステレオタイプの黒人像を否定していく過程は、かくも痛々しい。ここまでして、アメリカ社会の要求する紳士姿を提示しなくてはいけなかったのか。なにより、アメリカ人であることの証明、いや人間であることの証明は、命をかけて行われようとしていた。「北軍に志願せよ」と。

ブロジェットは黒人兵受け入れのための活動をしていた人物でもあった。ユニオンリーグクラブという北軍支援団体に関わり、熱心なリンカーンの援助活動を展開した。リーグのスローガンは「黒人兵を三部隊、南部地域に送ろう」だった。その背景には、兵役を拒否する白人たちの大々的な暴動がニューヨークで起こったことと関係している。黒人兵の徴兵は、兵士の不足が危惧されていたからだった。

一八六三年の七月十三日から十七日まで、新しい徴兵法に不満を持った人々が暴動を起こした。ニューヨークは、戦局の展開が見えないなかで、いわば南北戦争の忌避感の中心になろうとしていた。十八歳から四十五歳までの未婚男性を対象とした徴兵法が議会を通った翌年のこと、三〇〇ドル支払えば、兵役が免除となったことへの、いわば怒りの表明であった。当時のニューヨークの半数は貧しい移民である。アイルランド移民がその大半を占める中、アイルランド系アメリカ人にとっては、大義の見えない戦争であった。しかも、奴隷解放宣言が発せられると、労働市場で競争相手となる黒人を解放するための戦争になっていったからである。「なぜ自分たちが、黒人を解放するために命をかけなければならないのだ」と暴動の矛先がニューヨークに住む黒人に向けられたことも当然であった。[*11]

ブロジェットは、徴兵反対暴動後、襲われた黒人家族への援助にも多額の資金を提供したといわれる。その黒人への同情と地位向上への願いは、画家のイーストマン・ジョンソンにも共通するものだった。ジョンソンが描いた逃亡奴隷家族や南部の黒人奴隷に向けていた眼差しに共感したことから、ブロジェットは、いわば同志のジョンソンに、家族の絵を依頼したのだった。しかし、ジョンソンをしても幼児化された黒人人形のように、黒人の未来は、次世代の白人少年の手の中で無邪気に踊らされていたのだった。

では、描かれた白人男性像と女性像はどうだろう。ひげを蓄えたブロジェットは、まるでリンカーンを思わせる描き方だ。一方、座る女性は家族の中心に位置しながらもあまり生気がない。家父長制に守られた、敬虔で家庭的で、穢れのない、当時の「あるべき女性像」を体現している。服装が華美でないのも、そのせいである。家庭に留まり、聖書を体現し指導する母親像である。「共和国の母」と呼ばれ、市民となる息子を育てる使命が託された母親像の延長線上にいる。[*12] 母親が本を手にしていることも、教育を担う女性への、精一杯の画家の敬意だったことだろう。ここには、妻や娘たちの家庭からの脱出のテーマは、見受けられない。

画家の妻と彼の犬（トマス・エーキンズ画）（口絵参照）

同じような座わる姿を描いた女性で思い出されるのは、先にも言及した著名なアメリカ画家、トマス・エーキンズの妻の肖像画、「画家の妻と彼の犬」であろうか。写実派で知られる画家の容赦ない筆致で描かれた妻の姿。本を持つ手は力なく痛々しい。庇護される病的にひ弱な女性が崇められた時代でもあった。本書の後半で扱う、家庭からの解放を求める女性たちの悲鳴が今にも聞こえてきそうだ。

画家の妻は、スーザン・マクドウェルである。彼女は、エーキンズの一番弟子といわれた、有能な女性画家だった。画業を断って、エーキンズと結婚したが、失敗だったといわれる。晩年のブロジェット夫人、アビゲイルも、高価な蔵書収集で、夫の死後、一家の破綻を招いたという。男性中心の社会の裏で、女性たちの、計り知れないドラマが隠れている。[*13]

もう一度クリスマスの絵に戻ろう。ヨーロッパに対抗するアメリカらしい美術館の創設を願っていたとは、にわかには思えない室内のしつらえも気になるところだ。家庭に入り込んだ遠い国日本の美術工芸品、ジャポニズムといわれる時代の品々が、裕福なこの家のパーラーにはあふれている。

当時、パーラーは応接間としてもっとも重要なスペースであった。家族の体面の象徴として、品位あるものでなくてはならなかった。しかし、この見せびらかすように置かれた東洋趣味こそ、当時の世界を知る男性の証明であった。遠い外国の品々を手に入れられることは、豊かさの象徴と同時に国際社会に目を向け始めたインテリ富裕層の勲章であったからだ。家族を庇護し、世界に視野を広げる男性にひれ伏すのは、妻や解放黒人だけではない、遠く南アメリカ、東洋までもが、その男らしさのめざす地平であった。

子供像はどうだろう。動きのない美しい人形のような女の子の描き方と活動的な男の子の描き分けも見事である。当時の期待感の違いである。

しかし、この家は、アイルランド移民による徴兵反対暴動が吹き荒れたニューヨークにある。外に目を向ければ、路上にあふれる浮浪児たちは、多くの人々にとって不安材料であった。

孤児たちをアメリカ西部の農村家庭に預けることで、その成長を願った「孤児列車」(一八五六－一九二六年)を生んだのも、ここニューヨークの路上であった。発案者のチャールズ・L・ブレイスはキリスト教の牧師である。一八五三年に児童援助協会を設立した。ブロジェット邸からそう遠くない。プロテスタントの牧師であったブレイスは、農村の敬虔な家庭教育を期待して、のべ十万人にも及ぶ孤児たちを十九世紀半ばから六十年にわたって西部地域、カンザス、アリゾナなどの開拓の最前線へと送り込んだ。全米に張り巡らされた鉄道網は南北戦争後のアメリカを象徴する。東と西をつないだ国家プロジェクトを利用してアメリカを担う次世代の子供たちを送り込む。孤児たちは列車に乗せられ、途中下車のたびに、養子縁組の機会を待った。

売り買いされるような子供たちの体験は痛ましい。子供たちを待ち受けていた農村の生活も、その多くは過酷なものであったといわれる。[*14] 必ずしも孤児ではなく、必ずしも子供ではなかった人々を含め、労働力の大移動であった。慈善の名を借り、見たくない路上の子供たちを排除したニューヨークの姿である。浮浪児も移民の暴動も、見たくないものは見ない。ブロジェット家の美しい子供たちのクリスマスの風景は空々しい。

実際、当時絵画に描かれた都市の浮浪児像は一筋縄ではいかない。『ヤングアメリカ――絵画と文化にみる十九世紀アメリカの子供』の著者によると、貧しさから、一人で這い上がるセルフメイド・マンを理想としてきた勤勉思想のなかで、路上の子供たちが健気《けなげ》に逞《たくま》しく貧しさを生き抜き成長する様子を描く絵画が見られる一方、だらしなく、意地汚く、子供のときから飲酒習慣を漂わせ、金銭にあざとい子供たちを描く絵画も流通していたという。[*15] あきらかに当時のアイルランド移民を対象に差別的に描かれたものだ。母国で起こったジャガイモ飢饉（一八四五–四九年）から命からがらアメリカに逃れた移民たちの窮状に、アメリカは冷たかった。同じキリス

イーストマン・ジョンソンの自画像

ト教とはいえ、彼らはカトリック教徒で、宗派の違いも差別の対象になった。彼らをいかにアメリカ市民として育てるか、その使命と恐怖の同居は、常にこの国の根底にあったことを思い知らせてくれる。

アメリカの未来を担うあふれかえる移民の子供たちの存在。黒人の解放はそれに輪をかけた。リンカーンが、アメリカで産声をあげ守らねばならないと訴えた民主主義の国家、まさに「人民の人民による人民の政府」を支える「人民」の中身が問われている。そして北部勝利がもたらした産業社会を目指し、大挙して新移民と呼ばれる異宗教の移民たちが、こののち押し寄せてくる。

最後に、そうしたアメリカ社会の不穏な状況を覆い隠し、幸せな一家の一瞬を切り取ってみせた画家に目を向けてみよう。イーストマン・ジョンソンは、東海岸、カナダと接するメイン州に生まれた。四年間のオランダ留学を経て、アメリカで画家として自立するための題材探しは象徴

南部黒人の生活（イーストマン・ジョンソン画）

的だ。まず向かったのは、ウィスコンシンに居住する先住民族のオジブウィ（Ojibwe）族の地だった。彼らの生活や子供たちを描いた。ヨーロッパにはない、アメリカらしさを求めていたのだろう。しかし、ジョンソンを有名にしたのは、アメリカ南部の黒人たちの生活を描いた作品「南部黒人の生活」（一八五九年）だった。南北戦争勃発直前、情報が断たれていたなか、人々が知りたがる南部の状況を描いたものだったが、美化された楽しげな黒人たちの様子は、現実の奴隷制度とはかけ離れていた。しかし、自由を求めて逃げる逃亡奴隷の家族「自由への脱出——逃亡奴隷」（一八六二年）など、ジョンソンの画題を紐解くと奴隷解放への思いは強い[*16]。メイン州の特産メープルシロップ作りの連作も奴隷制度の元となったサトウキビ栽培に抵抗して描かれたといわれる。いまや時代遅れで、

自由への脱出—逃亡奴隷（イーストマン・ジョンソン画）

量産も叶わぬメープルシロップ作りに画題を得たのは、故郷へのノスタルジアというより奴隷制度反対の意思表示であったというのだ。[*17]

しかし、画家の強い思いを読み取らせようとする作為のせいか、画家としては時代を超えて生き残ることはできなかった。

ともあれ、画家とパトロンの共同制作であったブロジェット家のパーラーを描いた作品、黒人を幼児化して描くことで、黒人男性への不安を払拭する白人男性の夢を描いた「クリスマス-タイム」は、アメリカの十九世紀末を読み解く糸口を私たちにいくつも提供してくれている。アメリカらしさの自由と平等を謳う美術館創設という壮大な文化事業に、のちに着手する一方で、置き去りにされていく課題の数々である。

第二章　セイモア・イートンの青年教育

幼児絵本に潜むアメリカ帝国の野望

イーストマン・ジョンソンが描いた彼の英雄、リンカーンの絵は十九世紀後半のアメリカ市民を鼓舞する思いにあふれている。田舎に住む貧しい身なりの少年（のちのリンカーン）が読書に没頭する姿である。当てられた光がのちのリンカーンを暗示するが、いでたちはどこにでもいそうな少年の姿に描かれていることこそ、ここでは重要に思われる。

ここで取り上げるセイモア・イートンは、田舎に住む青年たちに新しい世界の到来と、それに応える能力を身に付ける活動を始めた人物である。都市を目指した農村の若者たちや移民二世の労働者たちへ自学自習のエールを送った。南北戦争後の新しいアメリカ誕生に向かう混乱期[*1]に学ぶべき知の集大成と、皆が分かち合うことができる知のありかたを考えた。私設図書館を創ろうとしたのである。しかも全米に広がる鉄道のネットワークに着目した。全国を視野に入れた新しいアメリカの教育を夢見たのである。

しかし、その行き着く先は、彼の意に反し、二十世紀を象徴する行動派大統領の礼賛に繋がっていった。米西戦争で、スペイン勢力を一掃するアメリカ帝国主義の到来に加担した大統領、セオドア・ローズヴェルトである。一見無害にみえる児童書の中に、広がる国土をつなぎ、さらにアメリカ帝国への野望を潜ませたのである。

イートンの成功は、アメリカ史上初のキャラクター戦略を政治に使ったローズヴェルト大統領に便乗し、牽引したことによる。日本人は、セオドア・ローズヴェルトの名に、日露戦争の調停をしたポーツマス条約を思い起こすだろうか。あるいはサンフランシスコにおける日系移民排斥の対応を図った日米紳士協約の働きだろうか。彼の体躯と風貌からは、愛らしさは伝わらないが、アメリカの世界戦略を牽引する野望を覆い隠す愛らしい熊のぬいぐるみを選挙戦に使った。大統領の名を冠したテディベア誕生の背景にあるエピソードには、名もない黒人狩人、一攫千金を夢見てぬいぐるみを作ったロシア系移民も登場する。いかにもアメリカらしい登場人物たちである。

読書する少年リンカーン
（イーストマン・ジョンソン画）（口絵参照）

今では誰もその名を知らないイートンの試みの数々、始まりを見ていこう。

1　ハウツーものの元祖――実務教育・資格取得の支援

セイモア・イートンは、一八五九年カナダ、オンタリオ州イッピッングに生まれ、一九一六年にフィラデルフィアで亡くなっている。教師を志し、ウィニペグ・ビジネス・カレッジと呼ぶ教育活動を始めたのは一八八四年のことである。その後、一八八六年に結婚、ボストンに移り住んだ。六年間を過ごすこのボストンで、ホーム・スタディ・コレスポンデンス・スクールと呼ぶ通信教育を始めた。残念ながら、この間の資料は手に入らない。しかし、ビジネス・カレッジやホーム・コレスポンデンス・スクールの名で、イートンがやろうとしていたことは、手に入る当時の出版物、さらにドレクセル・インスティチュート芸術・科学・産業学校（のちのドレクセル大学、以下ドレク

セイモア・イートンの肖像

セル大学）着任後の活動から推測することができる。

イートンは無名の田舎青年だった。そこからセルフメイド・マンというアメリカの上昇人生が始まる。[*2] イートンがボストンからフィラデルフィアに移り、ドレクセル大学で教鞭を取ったのは一八九二年のことである。当時は大学教育が社会のニーズに合わせて多様化する時代であった。アメリカ合衆国において大学は、ハーバード大学に代表されるように、入植後の牧師を輩出する大学として一六三六年に始まっている。アメリカが独立するはるか昔のことである。植民地時代から続く東部の私立大学は、それぞれの植民地におけるリーダーを輩出するエリート校として誕生し、君臨してきた。

南北戦争以降、アメリカの西進とともに、地方に次々と創られたのは、ランド・グラント（土地付与）大学と呼ばれる公的負担で生まれた大学である。国立大学のないアメリカで州の管轄下にある州立大学である。地域の教育者を育てる農民教育を当初目的とした。

さらに、十九世紀末には富豪となった鉄道王や企業家たちが創設した私立大学が加わった。[*3] ドレクセル大学も、銀行家アンソニー・J・ドレクセルが創立したものである。しかし、シカゴ大学やスタンフォード大学のような東部エリート校と競い、ドイツを手本とした大学院教育を充実させていく総合大学をめざす方針を退け、ドレクセル大学は当時需要が急増していた事務職者の教育・養成に応えることを選んだ。女子大学の設立も視野にあったというが、近くにブリンマー女子大学の企画があったことから断念したという。[*4] 女子エリート教育からも方向を転換し、ドレ

ドレクセル大学
メインビルディングのエントランス・ホール

クセル大学がとった方針は、都市に集中し始めた若者を相手にした実務教育であった。学位取得を謳わず、どのような経歴の持ち主でも、女性にも男性にも、実践教育の機会をつくるというものであった。働きながら学べる夜間講座や、秘書講座、全米でいち早く図書館の司書を養成するプログラムを始めたのもこの学校であった。

設立当初の理事会の記録は、手探り状態の学校経営の様子を伝えている。受講者は昼間の学生より、夜間の学生のほうがはるかに多かった。[*5] 働く人々が容易に通えるようにと、鉄道拠点に最初の校舎を構えたのも、創立者の思いを表している。大理石の巨大な建造物、古典回帰の内装、中央におかれたサモトラケのニケ像、その下の通路に大時計が掛かるエントランス・ホール。労働者の学校と銘打ったその姿は、啓蒙精神と、時間厳守を醸し出す見事な空間になっている。こうしたドレクセル大学の初期の精神と取り組みは、教師としてイートンを採用する背景にあったことだろう。イートンのほうはそれまでの取り組みをさらに発展させる好機と見たに違いない。

イートンがディレクター（学科主任）であった商業・金融学部のパンフレットを見てみよう。[*6]
「成功者とは、つまるところ成功したビジネスマンのことをいう……人の帳簿管理に甘んじることなく、自ら起業することである。われわれは経営者になることを教えるのであって、経営者のもとで記録するだけの人材を養成するところではない」と学部の方針が高らかに謳われている。そして、この目標達成のためにビジネスの基本を教えるカリキュラムが紹介される。

製造業の仕組み、流通・販売の基礎、株式会社・会社経営の基礎、営業の基礎、商品の仕入れ、市場調査、ローンと信用、銀行の仕組み、宣伝と広告、会計と簿記の基礎講座の数々。こうした授業に加えて職業と直結するコースも用意されていた。1．簿記講座　2．速記講座　3．私設秘書講座　4．公務員試験講座である。

ことに力を入れているのは公務員試験講座であり、当時、南北戦争後のアメリカにおいて、連邦、州、市に新しく生まれている公務員のニーズに応えるコースを提供する学部であることを明記している。これらのコースへの受講条件であった入学試験の科目は英語、地理、アメリカ史の三科目であった。英語学習と広く世界に向けられた新しい地理観、市民教育の根幹としての世界の中のアメリカを問う歴史観が挙げられている。イートンはこの学部でディレクターまで上り詰め、教えた講座をもとに数々の書籍をテキストとして出版した。

イートンの著作の傾向をみると、『ビジネス一〇〇の練習帳』[*7]といったタイトルが示すように、初心者でもビジネスを始められる段階別指導書がまず挙げられる。さらに、地方公務員受験用の本、地理、歴史の解説本、手紙の書き方、ビジネス文書の書き方や指南書が続く。こうした多岐にわたる自学自習用の図書は新しい読者のニーズを表している。都市流入者が望んだのは最新の手引書、ハウツー物だった。『エヴリデイ・エデュケイター』[*8]という名の通り、毎日、自学自習する人たち用の学習書であった。またイートン自身の教員体験を反映し、教員用と銘打ったものも多い。[*9]

こうした出版の成功に背中を押されたのであろうか、成功者たれと自身が教えていたビジネスの手法を自ら実践へ移したかったのだろうか、野心家のイートンは、地道な教員生活に終止符を打ったのである。[*10]ドレクセル大学の資料によると、わずか五年で大学を退いた。推測するしかないが、円満な退職ではなかったかもしれない。「ドレクセル大学の名を語って、ビジネスを展開するのは不愉快である」といった大学長の手紙が残っている。[*11]そこには、イートンへの不快感が明らかである。経営難のなか、めまぐるしい大学の改組、改編が続くなかで、イートンと大学関係者の間で齟齬が生じていたのであろうか。あるいは、イートン自身が手引書ではなく教養関連の著作に傾倒していった結果かもしれない。

その後、イートン自身が設立した会員制図書購入クラブや会員制駅前図書館で謳われているのが、新しい時代にふさわしい教養書を提供することであったからである。また読者層の拡大も視野に入れていた。ビジネスと教養書の普及の双方を社会的な要請のなかで工夫していくイートンの手腕、使命感の表れといえよう。大学を去ってイートンが始めた試みを次に見ていこう。

2 図書普及の元祖——会員制図書購入クラブと会員制駅前図書館

元祖、というのは、言い過ぎかもしれない。圧倒的な規模で全国の読者に本を届けるネットワークを作り上げていた先駆者があったからである。当時のキリスト教教会の布教活動である。ここでいう元祖は聖書以外の読ませたい本の普及を目指すネットワークづくりである。

一九〇〇年、イートンは啓蒙図書の普及のために、ブッククラヴァーズ・クラブ（愛書家友の会）という名の会員制図書購入クラブを始めた。資本金六十万ドル、有志から集めた資金を株式会社方式で運用したようだ。[*12] このブッククラヴァーズ・クラブは図書を普及させる流通業とサービス業と結びつけた、いわばビジネスと知識の普及を同時に展開するイートンの野心的な活動を象徴している。フィラデルフィアに拠点を置き、五百冊ほどの書名が並ぶカタログを会員に送るカタログ商法だった。迅速に書籍を届けるサービスが売り物だった。

ブッククラヴァーズ・クラブのメンバーは、余裕のある中産階級層だったようだ。実用書の読者層とは異なり、購買意欲の高い読者層に、さらに販売市場を広げようとした意図が見受けられる。五ドルのメンバーシップ代金を払うことが条件だった。人に先んじて新しい本が手に入ることがメンバーには好評だったようだ。また二冊、三冊と購入するたびに割引制度が適用された。余裕ができた中産階級の所有欲をくすぐる仕掛けをしていたのである。

カタログの冒頭で、ライブレリアンと自称するイートンは、新しい読書習慣作りに指南係が必要であることを明言している。[*13] 会員権、通信販売、アドバイザーの設置と、極めて新しい方式を導入しようとしていた。商品の「品揃え」とも言うべきカタログの選書の傾向をみると、何より早く、話題の本が手に入ることを謳っている。カタログには「新しい」や「最新」の見出しが躍る。公立図書館がまだ整わない中、図書館に行けない人たち、図書館ではにわかに手に入らない新しい図書、書店の整わない地域の読者に応えようとするイートンの姿勢がみえる。図書館学や、デューイ図書十進法が生まれ定着していく時期にあって、なんとしてでも読ませたい自己流の選書方針を貫くのである。選書には必ず選書理由が添えられており、手っ取り早く内容を知ることができた。まず彼の作り出したカテゴリーの例を挙げよう。

購入する折には番号のみを申込用紙に記入することになっていたため、書名の冒頭には番号が振られている。手に入る一九〇〇年版のカタログの一から五までは「人気小説五選」。ウィンストン・チャーチルの独立革命を舞台にした歴史ロマン小説『リチャード・カーヴェル』がその一冊に選ばれている。アメリカ市民の教養に、独立革命の意義と冒険は欠かせない。次に「楽しめる回想録六選」が挙がる。回想録を好む年配世代がまずはターゲットだろうか。北軍の進軍歌、

『リパブリック賛歌』の作詞者、ジュリア・ワード・ハウが薦められている。

女性の読者もターゲットにしているのだろう。「女性作家」のカテゴリーや「女性向け」と銘打ったものも多い。「伝記四選」、さらに「自伝二選」が続く。ジェームズ・ラッセル・ローウェルが最初に挙がり、ベンジャミン・フランクリン、ウィリアム・ペンと続くのは、フィラデルフィアに拠点を置くゆえであろう。フィラデルフィア出身の偉人たちである。伝記の最後はリンカーンである。独立戦争に始まり、リンカーンで終わる。続いて、ニューマン・ホールの自伝やジョゼフ・パーカー牧師の著作が挙がる。イートンが十九世紀後半の「精神的支柱を確かめるための読書」と銘打って、もっとも力を入れて薦めるカテゴリーの一つである。様変わりする価値観に歯止めをかけようと必死だ。文学作品の総説、全体像を読者に伝える簡便な書物も多く選ばれている。少年向き、少女向きというカテゴリーがあるのも、思春期という発達過程が注目された当時を反映したイートンの選書の特徴である。のちに児童書を書き始めるイートンの片鱗を示すものだ。社会情勢を知るための本も多く挙がり、社会改革の先鞭をつけたジェーコブ・リースの著作や腐敗の構造を読み解くための市政の解説書が推薦されている。「社会問題を考える二選」ではブッカー・T・ワシントンの『黒人の未来』、ホームレスを装って、ヨーロッパ、アメリカを放浪したジョサイア・フリントの『貧乏放浪記』が挙がり、世界観を変える二冊と絶賛している。そしてカタログの最後、五四五番はアンドリュー・カーネギーの『富の福音』である。のちの成功した姿より、若き日のカーネギーを是非若者に読んでもらいたいと結んでいる。若者を鼓舞しているのだ。

入門書や実用書の書き手であったイートンだが、ここに受験用のお助け本はない。新しい思想、思潮を伝えるもの、国内の現状を伝える作品、海外作家の紹介、見聞録など海外の事情に目配りした広範な選書が続く。また芸術に関する書籍の推薦が多いのも想定した読者向けだろう。[*14]

そうした傾向をより表すのが、会員に配布された、ブックラヴァーズ・マガジンだろう。高級絵画や調度品の広告は、読者層を教えてくれる。移民の増加によって広がる社会不安から、伝統的な審美形式が好まれ復古主義が生まれていた時代でもある。[*15]上昇志向の強い読者に訴えるものであったろう。年間購読料三ドル、一冊二五セントで始まったカラーの豪華な挿画入りマガジンの発行である（一九〇三年一月創刊）。「大学長特集」、「鉄道王特集」に加えて、最新の美術界の動向を毎回のように伝えている。「絵画の楽しみ方」、「貴重本特集」なども、購入層が豊かであることを物語っている。「百貨店特集」や「ヨーロッパ旅行」関連の記事も同様だ。「エマソン生誕百年記念」特集や「話題の女流小説家特集」も編集者イートンの選書傾向を現している。[*16]

イートン自身が雑誌編集の成功者を夢見て創刊したであろうことは、その第一号が「雑誌編集者特集」であったことからも見て取れる。「雑誌の背後にいる男たち」では「センチュリーマガジン」のリチャード・ワトソン・ギルダー、「スクリブナー」のチャールズ・スクリブナー、「レイディーズ・ホーム・ジャーナル」のエドワード・ボック、「ハーパーズ・ウィークリー」のジョージ・ハーヴェィなど、時代を牽引する編集者の特徴、雑誌の傾向を手短にまとめたものから始まっている。彼らの影響力に憧れていたのだ。[*17]
イートンにとって編集者が夢であったことは、彼が残した唯一の小説のタイトルにも伺える。『ダン・ブラック――編集者・経営者』（一九〇一年）には新聞の編集者・経営者を名乗る主人公、ダン・ブラックが登場する。厳しい社会批判の社説で知られるブラックが、食堂で働く美しい移民女性に恋をする話だ。最後には病魔に犯され瀕死となったその恋人を祈りの力で蘇らせる。陳腐な筋書きの中に、十九世紀を生きたイートンの憧れと二十世紀にもたらされた野心が同時に語られている。イートンの選書傾向を見ていく上で鍵となる著作である。[*18]
さらにイートンはこの会員制図書クラブと同時に一九〇二年には、駅前図書館という新しい発想のサービスを発足させた。こちらも会員制で、その名を「タバード・イン図書館」という。大学を辞め、啓蒙教育者、編集者、出版者、経営者として活路を見出し、成功を夢見たイートンが行き着いた結果であった。
この新しい図書館の形態は最盛期には鉄道、船付き場、ホテルなど人々の往来のある所、人々が待ち時間に手に取りやすい所を求めて千五百か所に及んだという。置かれた本が一目でタバード・イン図書館のものとわかるように装丁を工夫し、目につきやすくした。一冊ずつ保護用ケースに入り、赤い帯の目印がつけられていた。時代の要請に応えてどのような形で読書習慣を根づかせるか、イートンが考え抜いた結果であった。回転式の本棚が目印で、雑誌の広告にも必ず登場している。最初の五ドルを払えば終身会員となり、以降、読み終えたタバード・イン図書を持

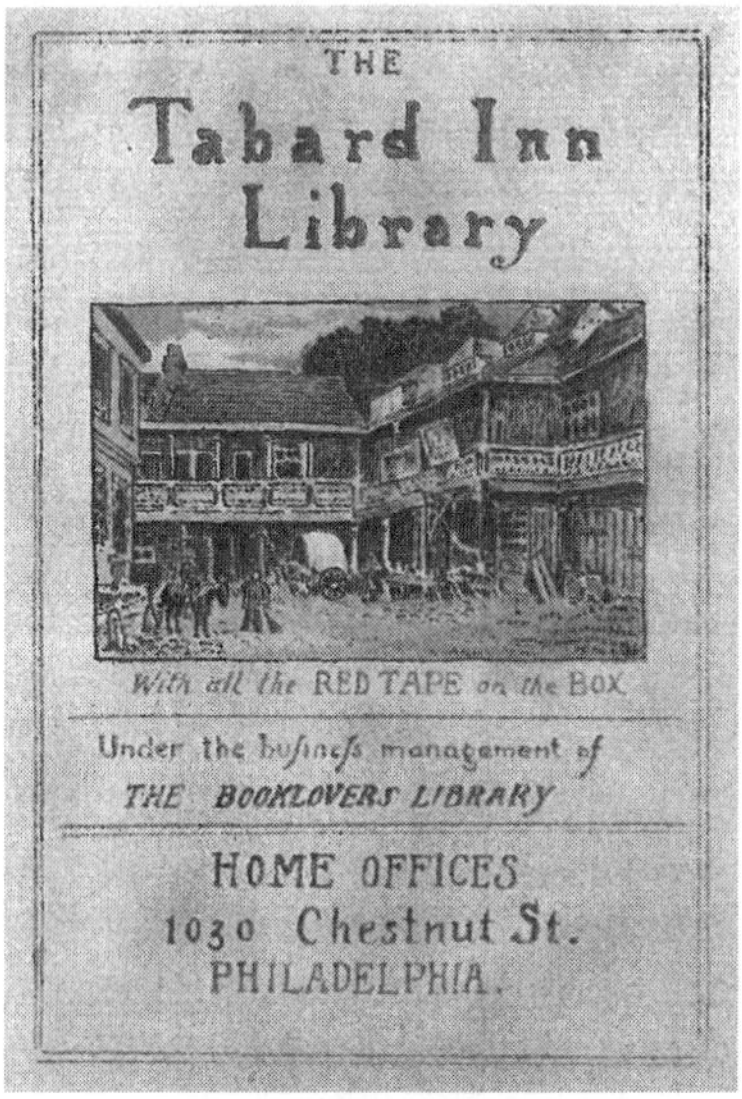

タバード・イン所蔵図書の
ブックプレート

回転式書架、
タバード・イン図書館

参すれば、五セントの安価で新しい本と交換できると説明している

タバード・インの名はジョン・バニヤン著『天路歴程』の主人公が旅に出発した宿の名である。プロテスタント世界で最も読まれた宗教書、教訓物語から選んだその名は、つつましい回転書架の「図書館」の実態とそぐわない。しかし、イートンの信仰と、巡礼をイメージした自分の境遇をその名に重ねているのかもしれない。読書によって導かれ辿りつく世界への強い思いを会員に伝えたかったのかもしれない。

カタログ商法と同時に展開されていたため、選書傾向は同じである。文学、哲学、宗教書、そして何より目新しい新刊のなかから読むべき本を選んで図書を提供するサービスをセールスポイントに展開された。

また人々が移動することを前提に、A駅のタバード・イン図書館で購入した本もB駅のタバード・イン図書館で返却し、また新たに購入できる仕組みを作った。安価で次々と図書を購入し続けるネットワークを夢見たのである。新しいということを売りにしたので、三〜六か月で本が入れ替わったという。消費者となった読者層に応えることを謳っているのである。[*19] 中産階級向けであった通信販売の会員制図書クラブの内容を、働く一般の人々に拡大しようとしたのだった。多様な読者層に応え、変化に取り残されないように、新しいアイデアを持ち込むイートンのビジネス精神を表す経営方法であった。

このような世間の動向を見逃さない経営感覚は、イートンに次の展開を生んだ。当時人気だったローズヴェルト大統領を児童書に取り入れたのである。ビジネス手腕にたけたイートンは、経営方針を転換し、出版の重点を児童書に移した。その背景には、会員制図書クラブや駅前図書館の経営が思わしくなかったことがある。ブックラヴァース・マガジンは、アップルトン・マガジンが経営を引き継いだことにはなっているが、会員制読書クラブと駅前図書館はわずか五年で閉鎖に追い込まれた。

閉鎖の過程を知る手がかりとなる資料は手に入らないが、一九一九年のクリストファー・モーレイの著作『亡霊本屋』（一九一九年）に、タバード・イン図書館の末路がうかがえる箇所がある。登場人物の青年が訪ねたドラッグストアの隅に回転式書架「タバード・イン図書」が並んでいるのだ。青年が埃《ほこり》を被《かぶ》った書架を回しながら、その時代遅れの「懐古趣味的」書籍の名を一瞥する場面である。打ち捨てられた印象は否めない。もっともこの誰も注目しない書架に置かれた、空っぽの保護用ケースが犯罪と関わっているというのが、この『亡霊本屋』という古本屋を舞台にした小説のポイントなのだ。大統領ウッドロウ・ウィルソンを船上で爆破しようとする親ドイツの人々の計画の拠点が、回転式タバード・イン図書を置いていたドラッグストアで、その地下が爆弾製造所になっているのである。時は第一次大戦中である。爆弾はウィルソンの愛読書といわれる、トマス・カーライルの『オリバー・クロムウェル』に仕掛けられ、運ばれていく。

タバード・インの書架が犯罪の伏線になるほど、目立たない落ちぶれたイメージになったとみるか、あるいは本がタバード・イン図書館を移動していくという、イートンが夢見たネットワークが、人々の脳裏にイメージされているからこそのプロットなのか、判断に迷うところである。[*20] いずれにせよ、イートンが当初夢見た面影はない。あれほど時代に乗り遅れまいと奮闘したイートンの選書は、もはや時代遅れになってしまっていた。

一方、ドレクセル大学時代からの実用本や文学作品の編著者本はホームスタディサークルライブラリーとして存続し、その後、一九一二年にアメリカンカレッジコースと名を変え、一九一九年のイートンの死後も手軽な入門書として出版が続いた。[*21]

イートンが手がけた出版業、編集業、会員制図書館の運営をどのように評価すべきであろうか。

試行錯誤しながらイートンは、まず大学や学校に行けない人々が、手軽に入手できる自学自習用の本を送り出した。イートンの学習帳はどれもフィラデルフィア出身のベンジャミン・フランクリンの切磋琢磨する姿を髣髴《ほうふつ》させる自己研鑽の書である。背景には都会に出た若者たちの立身出世への揺るぎない想いがある。それを汲み取って、度量衡《どりょうこう》の知識、綴り字や署名の仕方、正しい英語、手紙の書き方などの基礎教育をイートンは重視した。当時、登用制度が整いはじめた「地方公務員試験合格」といった、新しく生まれたニーズに応えようとしたことも、この時代を象徴している。

さらにカタログ商法という新形式の通信販売を書籍流通に導入した。社会が急速に変化するなか、人々が抱く「遅れまい」とする不安に見事に応えながら、本を届ける新しいシステムを張り巡らしたのである。さらに会員制駅前図書館である。鉄道網、交通網の発展に事業の拡大を夢見た起業家イートンである。こうした二十世紀初頭の日常生活に読書習慣を広げるビジネスと知識の普及の展開がイートンの業績だった。

しかし、無料で本を利用できる公立図書館が充実してくると、それらは時代遅れになっていく。[*22]とはいえ、この読書習慣の空白期を埋めようとしたイートンの公共奉仕の精神とビジネス手腕こそ、当時のアメリカの発展と轍をひとつにしているだろう。そして、最後に彼の名をもっとも有名にしたのは、当時の大統領の名を冠した二頭の熊を主人公にした児童向け図書であった。

3　ローズヴェルトに便乗

イートンは多くの仕事と並行して、韻を踏んだ覚えやすいリズムで熊を主人公にした読み物を新聞や雑誌に仮名で投稿していた。それらが人気を集めたため、ペンネームを実名に切り替え、『ローズヴェルト・ベアーズ』シリーズとして、一九〇五～八年の間に全四巻にまとめ、発売した。イートンの長年の教育・啓蒙活動が最後に結実したのが、この児童書のシリーズといってよいだろう。さらにイートンは当初の四冊をばらばらにし、テーマ別に再編集すると、「ニューヨークシリーズ」や「スポーツシリーズ」などのタイトルをつけて次々と安価で販売した。[*23]

物語の発端はコロラド州、当時の西部開拓の最前線である。二頭の熊がハンターから奪った衣装を身に着け、東を目指す旅に出るという設定だ。ハンターの衣装にローズヴェルトの名があったので、拝借したというのが第一巻の発端である。これはのちに大統領セオドア・ローズヴェルトの人気と歩調を合わせるなかで、大統領のお墨付きであることの証明として、その名を冠して宣伝されていく。

第二巻では、「大統領の子供たちも読んでいます」という注が添えられる。[*24] はるか西部の開拓地を出発して訪ねるのは、シカゴ、ボストン、ニューヨーク、フィラデルフィア、ピッツバーグ、ワシントンD・Cと、どれも農村出身者が憧れる大都会である。

この本の目的は、第二巻の冒頭にイートン自身の言葉で次のように説明されている。

この本で私は、子供たちに、動物たちが、熊でさえも、人間と同じような心をもっていることを教えたかった。動物の第一の存在意義が必ずしも、人間の狩りの標的ではないことをである。この教えが正しかったことは、多くの読者に本書が愛されたことが証明している。昔から使われた、「熊に連れて行かれるよ」といった子供への脅し言葉が、もはや通用しないことがわかるだろう。[*25]

恐ろしい熊を愛らしい熊に変える担い手となることを宣言しているイートンである。これには、セオドア・ローズヴェルトと熊に関する当時のエピソードが背景にある。

ニューヨークのオランダ系移民の名門に生まれたセオドア・ローズヴェルトは、幼少期からひ弱で、肉体的な劣等感やいじめられた体験の補完作用として、その性格が説明されてきた人物である。一生をかけて、ボクシングなどの自己鍛錬を課し、男らしさを演出した。新渡戸稲造の

ワシントン・ポスト紙に掲載されたイラスト（クリフォード・K・ベリーマン画）

『武士道』を愛読し、ハーバード大学で初めて柔道を実践した日本びいきとして知られる。狩りの名手でもあった。自分を支えた生き方を新渡戸の武士道にあたるものといって、「奮闘的生活」と名づけ、困難に立ち向かい、恐れず、努力する姿こそ、偉大な国を作り出す国民に必要な資質であると説いた。

その資質をつくるのは、西部の厳しい環境での鍛錬だった。そこでは狩りが重要な位置を占める。ローズヴェルトにとっての英雄たちは、狩人、カウボーイ、開拓者であり、狩りができる自然も重要で、のちに、自然保護を目的に国立公園を制定していく人物となっていく。[*26]

その大統領が熊を撃ち殺すのに待ったをかけたエピソードに当時の人々は熱狂する。

一九〇二年、ミシシッピ州とルイジアナ州

の州境決定の調停に呼ばれた折の話である。州境の調停という西進するアメリカの現実問題、また拡大した連邦政府の役割を象徴する大統領の訪問に、担当者は狩りの日程を組み入れた。しかし、その日に獲物は現れず、やっと見つけた熊を担当者は縄で括り付け、あたかも熊が現れたかのように演出した。この仕組まれた狩りを大統領は好まなかった。

この話は後日二つの展開を生んだ。ひとつは愛らしい熊を撃たなかった慈悲深い大統領像を創り上げることになった。クリフォード・K・ベリーマンによるイラストが、ワシントン・ポストの挿絵となって人々に流布されたからである。[*27] もうひとつはその挿絵を元に、大統領の愛称テディの名を持つ熊のぬいぐるみ、「テディベア」が誕生しことである。

新聞を見て、熊のぬいぐるみを思いついたのは、ニューヨークのブルックリンに住む、モリス・ミッチャムというロシア系移民だった。たちまち大人気になり、手縫いでは生産が追い付かず、大量生産を始めた。のちにアイデアル社となるアメリカを代表するおもちゃメーカーの誕生である。

ローズヴェルトがこの熊を利用しないはずはなかった。キャラクターを使った初めての大統領登場である。行く先々で、熊の挿絵を使用した。狩りのエピソードが美化されていく中で、狩猟案内をつとめ、やっと捕まえた瀕死の熊を差し出した有能な黒人猟師、ホルト・コリヤーの名は忘れられた。挿絵には白人猟師が代わりに描かれている。傷ついた熊を殺すのを躊躇したローズヴェルトがナイフで殺させたのが真実のようだが、新聞の挿絵はそうした事実を葬った。第一、子熊ではなかったという。人気を博してから挿絵の熊はますますかわいらしく、大統領はますます慈悲深く描かれるようになったという。[*28]

フロンティアとよばれる人口過疎地域は、一八九〇年代に姿を消し、先住民の制圧も完了した二十世紀の転換期に、連邦大統領自らが制圧すべき恐ろしい辺境の熊を、愛らしく生まれ変わらせたのであった。この筋書きと大統領の人気を利用して、イートンは大統領の名を冠した熊を登場させたシリーズで追随したのである。珍道中の物語、あらすじを見ていこう。

コロラドを出発する熊(第1巻)

第一巻では、コロラドの山で「奮闘的生活」を実践していると自負する二頭の熊が主人公であると知らされる。ローズヴェルト大統領の謳い文句を実践しているのだ。その名をテディBとテディGという。BとGはグッドとバッドの違いではないと断りながらも、どちらかといえばルールを守るテディBといたずら好きのテディG、子供たちにわかりやすく役割を使い分けている。

二頭は、脅した狩人が慌てて逃げる際に落としていった品々で東部の文明世界に興味を持ち、「銀行を買ってみせる」と豪語してコロラドの開拓地を出発する。

鉄道をはじめ、憧れの最新の乗り物を乗り継いで東海岸までたどり着く。高級車両のプルマンでは、あまりの傍若無人ぶりに列車から降ろされるなど、大人たちには嫌われ者だが、学校を訪ねては子供たちの人気者だ。既存の教育現場が機能していないことを露呈させていく。行く先々で、「努力を惜しんではいけないよ。男らしいスポーツをやって切磋琢磨するのだよ。強い意志を持てるようになるのだよ」[*29]と、まるでローズヴェルト大統領を代弁するような叱咤激励を子供たちに残していく。

旅行中は各地で名所旧跡を訪ね歩く。ハイライトはナイアガラ観光、そして建国の史跡、ボストン、バンカーヒル、プリマスである。最後にはハーバード大学で学位をもらうことになるのだが、課題はロバに乗って講堂三周といった、学位を茶化す、したたかな態でもある。学位に憧れながらも信用しない、当時の西部人の東部観の代弁者のようだ。ボストンでは路上の浮浪児たちの中から、案内役を募集してボストン見物を終え、ニューヨークに向かう。

第二巻目になると都市で働く新しい職業が続々と登場する。町の消防士に挑戦してみる。タイプライターを試してみる。新聞の発行を、取材から印刷などの工程をすべてやってみる。まるで子供たちへの職業紹介、体験学習である。子供たちと一緒に仕上げた新聞には『熊が世界を支配したら、狩られるのは人間のほうだ』という社説である。[*30] 主客転倒を謳い、なにごとにもしり込みしない。貧しい子供たちに孤児院を立てたいとその目標を掲げて東部諸都市を巡るのである。孤児たちは、流動する社会がもたらしたこの時代の一大関心事だったのだ。

最後は、目的地ワシントンD・Cで当時の大統領ローズヴェルトに会う。狩りの名手と聞いたローズヴェルトに撃たれるのではと、武装してホワイトハウスを訪れるのだが、その心配も杞憂に終わり、自分たちを歓迎する大統領に狂喜する熊たちで終わっている。

まるで西部開拓地域の将来をこの大統領に託す確認のために訪れたかのような結末になっている。面会を終えた主人公の熊たちは、コロラドが懐かしいと故郷へ帰って行く。帰る故郷のある幸せを語るのである。[*31] 第二巻のあとがきをかざるのは、でっぷりと太り、紳士気取りの二頭が、田舎に残る裸の熊たちに土産や熊のぬいぐるみを持ち帰る姿である。

鉄道で身近になった観光旅行というサービス精神満載ながら、このシリーズでは、西と東を結ぶ重要性、歴史施設の確認、連邦政府を束ねる大統領の求心力が児童書のなかで確認されている。このシリーズは「熊は恐れるものではなくなった」と辺境のおわりを説く以上に、見事な国家統一の使命を果たしていた。主人公は連邦統一を象徴する行動派大統領の使者となったのである。そして最後に、帰る西部の大地があることを印象づけたのであった。

ローズベルトに面会する熊（第２巻）（口絵参照）

多くの土産をもって故郷に帰った熊（第２巻）

アンクル・サムと帰国した熊（第４巻）

ローズヴェルトの名を冠した使者を演じる以上、この熊たちは海外にも出かけていく。拡大するアメリカの影響力を実践するのである。訪ねるのは、ロンドン、パリ、オランダ、ドイツ、ロシアそしてスイス。この旅行記が、第三巻目である。ここでも恐れを知らぬ熊たちの珍道中はヨーロッパ各地の名所旧跡で流血の歴史を笑い飛ばす。「アンクル・サム」（アメリカ合衆国の擬人化された呼び名）の代表者として堂々と国王に謁見《えっけん》に行くのである。野蛮だと笑われながらも、反対にヨーロッパの歴史、国王の権威をこき下ろす。そして最後はイタリア、トルコ、エジプトへの旅を夢見るところで終わっている。熊たちは国内統一の役割のみならず、海外にまで堂々と出て行き、主張する熊に変化したのであった。それはアメリカの帝国主義の支援に他ならなかった。[*32]

イートンの作り出した熊たちは、アメリカを代表するメッセンジャーとして、広く家庭の子供たちに流布されていった。[*33] イートンが夢見た自己研鑽、そして読者層の変化を読み取り新しい読者層を創り上げようとしてきた野望は、この熊たちによる児童書、それを読み聞かせる家庭教育に行き着いた。はからずも、アメリカの新しい使命感と海外へと向かう視線を送り込む役割に辿り着いたのであった。

イートンにとっては、誰でもどこでも本を手に取ることができるようにと、鉄道、船着場を拠点にした図書の新しい流通網を作ることが夢だった。カタログが家庭に届くことで生まれる読書習慣作りが夢であった。それらの努力は叶わなかったが、晩年、児童書を通して、家庭教育の中に入り込むことに成功した。

都会に出てきた者たちに、都会での成功を支援することに始まった彼の経歴は、その後も常により広い読者の獲得を目指した。そのイートンが最後にたどり着いた境地、それは都会への誘惑に野心を抱きながらも、西部の我が家に帰ってほっとする思いを主人公に語らせることであった。当時の多くの人々の共通する思いであったことだろう。変動期に人々が求めた東部での成功への憧れ、遅れまいと思う知識への渇望、ネットワークが繋ぐ安心、そして旅して帰る開拓地の我が家の存在、それらを代弁する役目を熊たちの珍道中を通して描いて見せた。しかしそれは同時に、幼時期の子供に新しいアメリカ像、大統領像を焼き付けることになっていったのである。

イートンが書籍の所有・購買意欲に応えようと夢見て叶わなかった全国規模の会員制図書購入クラブ、毎月定期的にベストセラー本を届ける「ブック・オブ・ザ・マンス・クラブ」が誕生したのは、皮肉にもイートンの亡くなる一九一六年であった。[*34] しかし、空白期を埋めようと奮闘したイートンの業績は、二十世紀初頭のアメリカの読書空間、大学、図書館、通信教育など、混沌とした市民教育の役割を見ていくうえでも、秩序や権力を支える文化の役割を見ていくうえでも、忘れてはならないだろう。それは無名の一市民が誘った市民づくりと帝国容認の末路でもある。

第三章　ジョン・J・グレスナー夫妻の理想郷

拒絶される移民と「殺害される」女性たち

田舎から都会に出ても、帰る故郷のある幸せを描いた前章イートンの思いは、たとえば、アメリカのへそと呼ばれる、カンザスを描いた児童文学、L・フランク・ボームの『オズの魔法使い』（一九〇〇年）のひとこまを連想させるかもしれない。本書はのちにミュージカル映画になって大ヒットした。竜巻に飛ばされた家出少女ドロシーが、夢の国オズを目指して、ブリキのこりや、臆病なライオン、脳みそのない案山子《かかし》と共に、愛と勇気と知恵を求めて数々の冒険をするボームの代表作である。その冒険の果てに、「やっぱり、おうちが一番」と主人公ドロシーが帰郷して語る場面である。

「おうち（Home）」は他のどこにもない、アメリカの大平原にある。遠い世界と「おうち」が繋がるさまは、変動する世界の不安から人々を落ち着かせてくれる。「おうち」があってこそ、冒険に飛び出せるのだ。実は中西部のこの地域は、アメリカが海外に戦争に出るたびに、多くの兵士を送り込んできた地域でもあった。戦後に大ヒットしたミュージカル映画の人気は、まさに帰還兵たちに、「おうち」へ帰る幸せを物語が重ねていたからである。また、同時多発テロ後の、アメリカが、自国を「ホームランド」と呼び始めたことも、国家を挙げて、戻る所への意識を目覚めさせたものと言っていいだろう。中西部地域の人々にとって、ニューヨークも、ロスアンゼルスも例外的な場所なのだ。

話を戻そう。しかし、そのアメリカにとって、「ホーム」をイメージする大平原の地域ほど、南北戦争後、変化を遂げた地域はなかった。

入植者たちは先住民を追い払ったものの、奪い取ったアメリカの大地はやせて固く、農耕が困難な土地だった。この地域に画期的な農機具を売り込んで農業を可能にした会社がある。インターナショナル・ハーベスター社である。この章で取り上げるジョン・J・グレスナーは、この会社の副社長にまで上り詰め、自身の成功を誇るかのようにシカゴに大邸宅を建てた。彼は、それまでの十九世紀を代表する富裕な人々とは異なる、新しい潮流を建築様式に取り入れようとした。その広々としたパーラーとダイニングを中心とするスタイルは、のちにリビングとダイニングの連携となってアメリカを代表する建築家といわれるフランク・ロイド・ライトにも影響を与えたという。

ヘンリー・H・リチャードソンの肖像

この新しい潮流を提供したのは、十九世紀後半のアメリカを代表する、建築家の一人ヘンリー・ホブソン・リチャードソンであった。彼は、その経歴の最後に都市住宅を手掛けたのである。勃興するアメリカを代表する建築家でありながら、イギリス発の「アーツ・アンド・クラフツ運動」の影響を色濃く受けていた。イギリスにおいて社会改革を求めたその思想と実践は、アメリカでは、「矮小化された環境主義」に陥ったと多くの歴史家が語ってきた。[*1] 社会改革の思想がそぎ落とされ、安全に、美しく暮らす環境作り、ことに住宅内環境とそれを可能にする消費行動に帰結したとするものである。しかし「矮小化された環境主義」と、単純には結論できない複雑さをリチャードソンの建てたグレスナー邸は見せている。[*2]

十九世紀に代表的だったヴィクトリアン時代の家を建てることを、建築家リチャードソンと共に拒み、新しい都市住宅の建築に臨んだのは、新興成金の施主ジョン・J・グレスナーであった。しかし、グレスナー邸の立地は、アナキストが仕組んだといわれるシカゴを震撼させた爆破事件の現場、ヘイマーケット広場までわずか五ブロック（五区画）の距離である。第一章の豊かなブロジェット邸が、徴兵反対暴動が起きた場所の近くにあったことも思い出されるだろう。緊張関係をはらんだ暮らしは、ニューヨークでもシカゴでも、十九世紀末のアメリカを特徴づける現実だった。まずは、シカゴの富豪たちが暮らしたプレイリー（大平原）通りといわれる邸宅街を訪ねてみよう。

1　建築家リチャードソンと施主ジョン・J・グレスナーの邸宅
――新しいアメリカ建築を求めて

シカゴのプレイリー（大平原）通りは、その名の示すように、アメリカの大平原への入り口だった拠点シカゴの歴史をその名に残している。シカゴは、東のニューヨーク、西のロサンゼルスと並んでアメリカを代表する都市の一つであるが、日本人にはあまりなじみがない。だが、ミシガン湖の水運と鉄道の発達が、この町を農産物や食肉の集積所とし、西部への領土拡大とともに、大発展をもたらした。一八三〇年に、わずか四千人だった人口が、一八七一年のシカゴ大火をへて、木造建築の町から近代建築の街へ生まれ変わると、一八九〇年には百十万人に膨れ上がったというから、凄まじい発展である。もっともこの急速な拡大こそが、無法の下敷きともなり、一九二〇年代にはアル・カポネに代表される、ギャングの町にもなった。

共和党から出馬した地元イリノイ州出身のリンカーンが、全国大会で指名を受けたのも、ここシカゴだった。南北戦争の勝利で、シカゴは南部との繋がりが色濃かったセント・ルイスやシンシナティを大きく引き離し、西部開拓の拠点として、北部の代表都市となったのである。それを

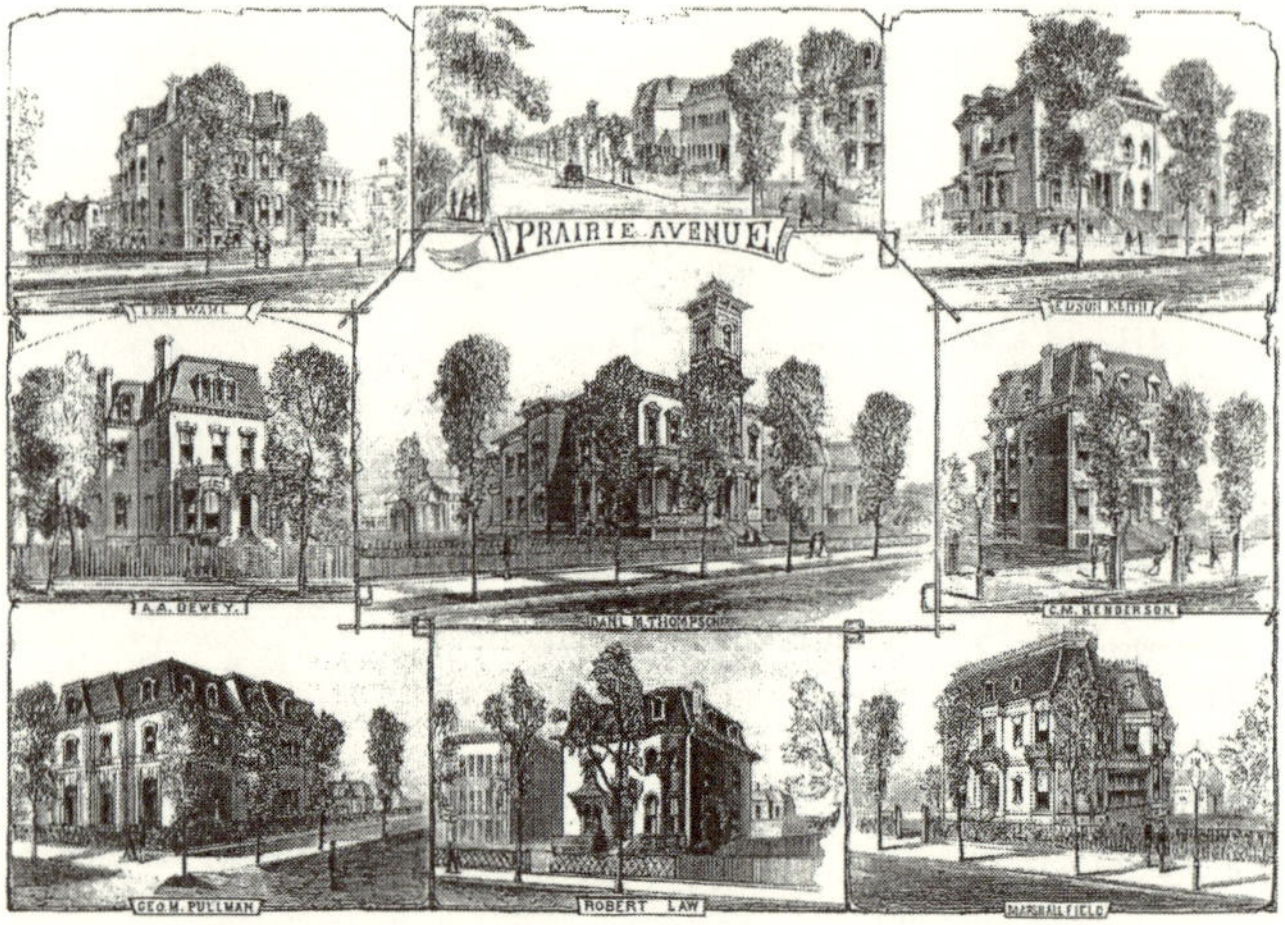

大富豪たちの邸宅イラスト（プレイリー通り）

象徴するかのように、一八九三年には、シカゴの産業資本家たちが中心となった、シカゴ万国博覧会が開かれ、その会場の巨大さ、白亜の建物の眩さは、新興国アメリカの存在をアメリカ全土はもとより、ヨーロッパ諸国に向けて誇示するものだった。シカゴはアメリカの中心に躍り出たのであった。

このシカゴのプレイリー（大平原）通りを有名にしたのは、近代生活に象徴的な二つの業種、シカゴを拠点にアメリカ全土の鉄道に自社の高級車両を走らせたジョージ・プルマンと、人々の消費行動を変えたといわれる巨大デパート王マーシャル・フィールドら大富豪たちが、ここに居を構えてからのことだろう。

この通りの住人に、のちにインターナショナル・ハーベスターとなる農機具メーカーの経営者、ジョン・ジェーコブ・グレスナーが、一八八七年

現存するグレスナー邸(プレイリー通りに面した正面)

に加わった。たちまち、リチャードソンの設計による新居の斬新さが、通りの住民たちに物議をかもした。エントランスへ誘う進入部はなく、周囲を威圧するかのように路肩から壁面が立ち上がる建築様式に、事前に周囲の許可を得て着工すべきであると、怒る住民たちの苦情を当時の新聞が伝えている。[*3]

しかし、近隣の非難に施主は怯《ひる》むことはなかった。建築家リチャードソンをいかに信頼していたかは、施主自身が幾度となく邸宅に言及した中で語っている。[*4]この新興産業家は、それまでの成功者の邸宅とは異なるヴィジョンを探していた。新しい感覚を求めていたのである。また、当時シカゴを中心に広がりを見せていた、イギリス発の「アーツ・アンド・クラフツ運動」にも傾倒していた。それは、十九世紀後半の社会の変化に動揺した人々にとって、一方でイギリスへの絆、アメリカの初期の伝統を思い起こさせもし、また揺らぐ宗教に代わる道徳観を人々に呼び覚ました。中世回帰を伴うその考え方は、宗教心を支えてくれる安心感があったからである。社会改革をその根底に掲げていたことも、広がる貧富の差に不安を抱え、拠って立つところを探していた人々に、新しい息吹を感じさせるものであった。[*5]

しかし、世紀末の熾烈な産業競争を体験しているグレスナーには、産業主義の弊害などを訴え、社会主義運動を支援したイギリス流のアーツ・アンド・クラフツ運動の社会変革の側面に、思い入れはない。自身が大量生産の只中にいた反動からか、産業革命以前の手仕事に憧れ、ロマンティックな自然回帰に惹かれていたにすぎない。中世回帰の側面に、道徳心の拠り所を見出していたのだ。グレスナー家が見出し、支援した家具職人アイザック・エルウッド・スコットの作り出す作品が、そうしたゴシック回帰を象徴するデザインだったことからも、そのことが伺われる。[*6]

成功を手にしたグレスナーは、シカゴの一等地に打って出ることを考えた。新参者としてこの地に移り住む相当の覚悟が感じられる。建築プランの最終段階の一八八六年五月四日に、ヘイマーケット事件が起きた。妻フランセスが残した日誌には、けたたましい馬車の音や逃げ惑う群集の記録に加えて、まさにその日にリチャードソンの設計を決断する記述が残っている。[*7]

城壁のような完璧な外観は外部の侵入者を拒み、すでに危機的状況を予測し、身を守るように、設計されていた。しかし、グレスナーが新居のプランで絶賛したのは、外壁の堅固さではなく、むしろ、プランの「シンプリシティとプロポーション」において、他の追随を許さないということであった。妻のフランセスも同様の賛辞を贈っている。[*8]

そもそも、リチャードソンは、それまでどのような建築を手がけてきた人物なのだろうか。リチャードソンは一八三八年、南部ルイジアナ州の裕福なプランテーションに生まれた。大学は北部、ハーバード大学へと進み、さらに、パリのエコール・ド・ボザールに留学した。アメリカでは建築が学べる場所がどこにもなかったからである。

その間にアメリカで南北戦争が起こる。戦争による実家の破産は勉学意欲に拍車をかけた。イタリア、スペインをはじめヨーロッパを旅して、あらゆる建築様式を学んだ。彼の後継者には古典主義を復活させ、その壮大さでアメリカを一世風靡したチャールズ・F・マッキムやスタンフォード・ホワイトの名が挙がる。またリチャードソンの手によるマーシャル・フィールド卸問屋のデザインを見て、機能性に打たれ、即座に自身の手掛けていた設計図を書き換えたという逸話が残る、次世代のルイス・サリヴァンまでもが強い影響を受けた。まったく異なる潮流を後世に残したリチャードソンは、ヨーロッパ建築を自在に移植してアメリカ化する道を主導してきた十九世紀アメリカ建築の忘れられた巨人なのである。[*9]

リチャードソンの代表作の一つは、ボストンのトリニティ教会（一八七二年）である。同時に大学校舎や、各地の図書館、ニューヨーク州庁舎（一八七六年）、ピッツバーグのアリゲニー裁判所と監獄（一八八四年）といった十九世紀後半のアメリカの政府系建物を多く手がけた。「アメリカの自由と責任感」を象徴する建物を設計した建築家という評価さえある。[*10] さらに、四十八歳で急死したため叶わなかったが、夢は小麦収穫のグレイン・エレベーターの設計であったという。[*11] 教会に始まり、政府関連建物、さらにアメリカの未来の産業建築を望んだとすれば、きわめてアメリカの発展を象徴する建築家であったことが特筆される。新興産業家グレスナーが惹かれていた理由がそこにみえる。

施主のジョン・J・グレスナーは、一八四三年、オハイオ州ゼネスヴィル（Zenithvill）で生まれた。父親はオハイオ州議会議員を務めたこともある。ジョンは父の起こした「ゼネスヴィル・タイムズ」という新聞社を手伝っていたが、一八六三年、イリノイ州スプリング・フィールドに移り、農業機械を製造するビジネスに加わった。一八六八年には、下宿で出会った大家の娘フランセス・マクベスと結婚した。直後の一八七〇年にシカゴに移り、ビジネスをさらに拡大し、その後、小麦の刈り取り機をめぐる凄まじい販売競争を経て、一九〇二年にはインターナショナル・ハーベスター社と合併、副社長にまで上り詰めた。西部開拓地に農業機械を提供することで成功を手にした、まさにアメリカの夢の実現者、セルフメイド・マンであった。[*12]

グレスナーは一八八五年に、当時ボストンを拠点にしていたリチャードソンを訪ねて意気投合したという。[13]「プランが気に入らなければ、いつでも破り捨てればよいことだった」と高飛車に語る施主であったことから、[14]グレスナー邸は、建築家と施主の共同作品とみなしてよいだろう。リチャードソンにとっては最後の設計となり、完成を待たずに彼は急死した。

グレスナーの手記には、リチャードソンのユニークさを伝える逸話が多い。角地にある敷地を訪ねた折には、即座に窓を排したアイデアが浮かび、一晩で下書きを書いたという。また、妻フランセスの日誌には、リチャードソンが初めて旧宅を訪ねた折の記述が残る。巨体のためピアノ用のスツールにしか座れなかったリチャードソンに言及し、辛らつにも建築以外の話題のなさに失望したと記している。当時の女性たちが培っていた教養を如実に表している。

その折、リチャードソンが図書室の暖炉の上に置かれていたオックスフォードの古い修道院、アビングドン修道院の写真に目をやり、借りていったことを記載している。「これを新しい家の基調にしたい」と述べたという。この修道院はジョン・ラスキンが好んだアーツ・アンド・クラフツ運動のシンボルであった。依頼者の好みを即座に見抜いたリチャードソン神話ともいえるものだろう。[15]

以降、アーツ・アンド・クラフツ運動のイメージをふんだんにとりいれた設計が、その「シンプリシティとプロポーション」において、このグレスナー夫妻をうならせたのである。リチャードソンは、一八八二年にイギリスでアーツ・アンド・クラフツ運動の指導者ウィリアム・モリスやウィリアム・ド・モーガンを訪ねており、以来、装飾において彼らの崇拝者であった。こうして、シカゴにおけるアーツ・アンド・クラフツ運動の導入において、先駆的役割を果たすグレスナー邸は、建築家と施主の結びつきから生まれるのである。[*16]

グレスナー邸には、当時の住宅に特徴的な玄関までの進入部はない。敷地全面を覆い隠す御影石の壁面は大地から立ち上がるように積み上げられている。リチャードソンの力量といわれる、ヨーロッパとアメリカの折衷をみせるのは、玄関の佇《たたず》まいであり、リチャードソン建築に特有のアーチがかかる。薄いオレンジピンクの御影石、それが石造りでなければ、屋根の作りからもニューイングランド地方に特徴的な、マッチボックス建築を思わせる。

入り口を入り、風除けのための階段を上ると、周りが見渡せるホールに着く。上に続くその階段の上までも見渡せる開放感だ。目立たないが、特筆すべきはこのホールの暖炉を囲む木製の飾りが、初代財務長官アレキサンダー・ハミルトン邸のものだったことだ。また上階へ続く階段の手すりを支える支柱はヘンリー・W・ロングフェロー邸のデザインを模して彫刻されている。隠れたところのこうした仕掛けはアメリカの伝統回帰への強い思いを伝えている。[*17]

ホールのカーブは自然に導線を描き、右手のパーラー、ダイニング・ルーム、図書室へと続く。ここでも連続して遠く見渡せる仕掛けが施されている。どの部屋もヴィクトリアン建築では男性の支配域とされている。[*18] そこに連続性を仕掛けたのはリチャードソンと受け入れたジョンのコラ

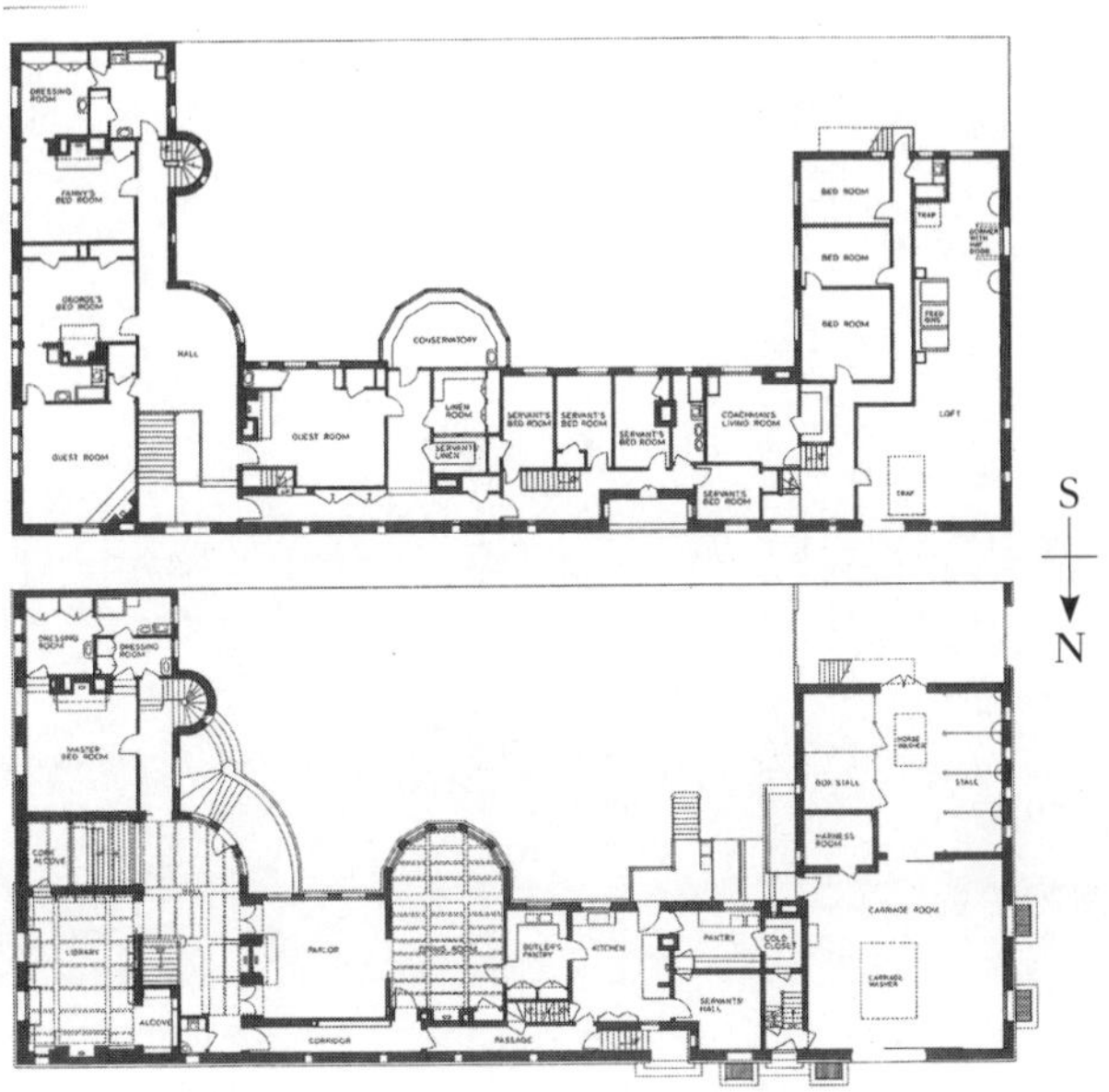

グレスナー邸平面図（下は1階、上は2階）

ボレーションの成果である。

一方、客人の侵入を退けた入り口左手のウイングは家族の居住区が集中している。地下から二階まで、学習室、主寝室、子供の寝室である。病弱だった息子は、この邸宅で教育を受けた。学習室はその息子と、ともに学んだ娘のための空間として独立している。私的空間と隔て、開放感に満ちた客人を招き入れる空間を作り上げ、どのように使用しようとしたのであろうか。

晩年、夫のジョンは、ある婦人からかけられた言葉を引用している。「あなたは文化的にこの町に多大な貢献をされた。でもそれは奥様とこのご邸宅

グレスナー邸パーラーとダイニング（その奥が図書室）

があってのことでしたよ」と。グレスナーはすかさず、これほどうれしかったことはなかったと記している。その妻を選んだのは自分であり、その邸宅を建てたのは自分だからだ、と。[*19]

この言葉ほど雄弁に、夫グレスナーのこの邸宅への支配の構造を物語るものはないだろう。しかし、妻フランセスが残した日誌からは自信に満ちた傲慢な夫の言葉とは裏腹に、自由に室内の空間を使いこなし、主導権を握る妻の姿がうかがえる。なにより、フランセスが記録する日常の活動記録は、図書室の机に置かれ、向かい合った形で置かれた椅子は、ここが夫婦の共有空間であることを物語っている。フランセスはどのように新しい居住空間を利用していったのであろうか。

2　フランセスの邸宅

ジョン・グレスナーが教会建築を思わせる外壁で家人の道徳性をアピールし、同時に砦のような閉鎖性で家族の安全を確保したのに対し、妻フラセスの役割は、アーツ・アンド・クラフツ作品による内装を担っていったことだ。

フランセス・マクベスは一八四八年オハイオ州アーバナ（Urbana）で生まれた。父親は二歳の頃に事業に失敗して、カリフォルニアの鉱山に一攫千金を夢見て旅立ったという。残された妻子は一八四九年、母方の祖父を頼り、スプリング・フィールドに移った。フランセスはピアノの素養を身に付け、教員をしていた時期もある。人の出入りが激しい中西部の町で、フランセスが母が営む簡易旅館を手伝っていた折の宿泊客がジョンだった。当時にしては珍しく、対等な関係での結婚であったといわれている。二人で向上心を支えあった。夫と前述の家具職人スコットの作品を支援しながら、アーツ・アンド・クラフツ作品のコレクターとしても次第に知られるようになっていった。[*20]

当時アーツ・アンド・クラフツ運動の潮流が、シカゴで持て囃《はや》される一方、新興産業家階級によるコレクションは、その行く先を暗示していたともいえる。追い上げる下層階級との差別化を意識した消費行動に走ることになるからである。それは美しい家を建てよう、美しい調度品を揃えようとする強い願いに表れていた。

グレスナー邸の図書室に今も残る『ハウス・ビューティフル』等の雑誌が彼らの選択眼がどのように鍛えられたかを教えてくれる。一八九六年に創刊された『ハウス・ビューティフル』はアーツ・アンド・クラフツ運動の初期の思想を削ぎ落とし、美術品の消費を促す傾向を生んだといわれる雑誌である。雑誌で紹介される東洋の品々、陶器やガラス製品、ウィリアム・モリスやウィリアム・ド・モーガンの工房に直接頼んだカーペット、壁紙、タイルがグレスナー邸を飾っている。蓄えた富を使って、フランセスはその住空間をデザインしていった。[*21]

重要なのは、この建物が、グレスナー家の冬の住まいであったことだ。夏には、一家はニューハンプシャーの別荘で過ごした。南側に中庭が開かれた構造は、光を取り入れることに細心の注意がなされた結果であった。南側の外壁に使われた素材も日の光を浴びた効果がねらわれ、滑らかで軽い煉瓦、そして地元の石灰岩が選ばれている。丸みを演出する塔には、旧宅から苗を持ち込んだ蔦を這わせている。

外壁だけではない、内装もダイニング・ルームやパーラーには、クリーム色の天井、壁紙が使

グレスナー邸の中庭

われ、ガラスで取り込んだ外の光を柔らかに反射する効果が期待された。またウィリアム・モリスの特徴である、植物柄はシカゴの冬の枯れた自然を補うために、あふれんばかりの花柄や緑を再現するものが使われた。無駄な装飾を排し、日常的に用いることを旨として、選択眼がいかされた。[*22]

フランセスの本領はこうした夫の財産によって、アーツ・アンド・クラフツ運動の知識を磨き、実践していった点だけではない。彼女はシカゴ万国博覧会後に、シカゴ大学総長ウィリアム・ハーパーに依頼されて、持てる知識を披露し、教授するクラブ活動を始めた。ハーパーは、シカゴ大学に全米各地から集る教授の夫人たちが、シカゴ社会に受け入れられるようにと、その指南をフランセスに頼んだのである。

「月曜朝の読書会」と名づけられた、フランセスの自宅における活動は、のべ八十人近くが集り、四十年もの長きに渡って続けられた。最初の一時間はおもにアーツ・アンド・クラフツ運動に関する勉強会やベストセラーも含めた読書会、次の一時間は講演者を招くこともあれば、集った人々の歓談で進められた。ことに一時間目は、夫人たちが自分たちの手で刺繍作品を作りながらフランセスの講義を聞いたのだった。実際、部屋の装飾にはフランセスの刺繍作品が、東洋趣味で集められた日本の布にまじって飾られ、また日々使用された。[*23]

本来主人の居城とされる図書室で毎週開かれたこの「月曜朝の読書会」は、フランセスが男性領域を使用し、また客人を集めて女性領域にしつつ、自立する自らの活動の拠点にするさまを見せている。フランセスは決してフェミニストではなく、女性参政権にも反対であったが、こうした女性クラブが、女性たちの社会性を培ってきたことは多くの研究が伝えるところである。[*24]

図書室が実は男性領域を象徴して始まっていたことを伝えるエピソードが残る。ワシントン通りにあったグレスナー家の旧宅の暖炉から、その灯火を絶やさずに持ち運び、儀式のようにこの図書室に移すことをもって、ジョンはこの家の始まりを宣言していた。家主としての誇りを象徴的に書き残している。[*25]その家父長支配の象徴的な儀式の場だった図書室は、その後、男女の役割をくずす空間となって、この建物の中で利用されていった。ここで孤児院や病院に寄付する品々が次々と作られ、第一次大戦期には兵士に贈るセーターがこの室内で編まれた。女性たちの活動拠点として機能する役割を果たしていたのだった。[*26]

フランセスの活動記録が置かれていたグレスナー邸図書室（口絵参照）

当時の建築には、男性領域とされた三つの部屋がデザインされていた。まずは社交の中心を占めるパーラー。次に客人と食事をする際に家人の権力を誇るダイニング・ルーム。そこでは素材さえもが硬材のオークを使うことで男性性、男らしさが強調されていたとされる。さらに図書室とは名ばかりで、その富を象徴的する装飾空間として誇示された部屋である。

一方、夫人たちの居場所は寝室と、女性の友人たちを受け入れる控えの間（ドローイングルーム）に限られていた。よく知られる男女の領域は精神世界だけではなく、居住空間でも見事に分かれていた。[*27]

しかし、フランセスは図書室という本来男性の空間とされていた場所に変革をもたらし、パーラーの使い方にも変化をよんでいた。パーラーはニューイングランド地方の家の建て方に由来するといわれている。初期の入植者たちが建てた酷寒の北部の家は、中央に暖炉を配置し、玄関からそこに通じる空間がパーラーと呼ばれる客人を招き入れるところだった。教会を中心とした共同体を誇ったこの地方には、公共の場を共有する仕組みが室内にも設けられたのであった。以来、家庭と外界を繋ぐ重要な場であった。客人を招きいれる中心であり、男性の家庭内支配地域のひとつだった。[*28]

そのパーラーが、グレスナー邸では妻フランセスのピアノの間となり、女性の公の活動空間となっていたのである。さらに、フランセスが活動の中心を図書室に移し、彼女の客人を招き入れるという形で使用されるようになった。柔らかな日差しが入り、花々の装飾で飾られたダイニング・ルームも、もはやヴィクトリアン期の男性支配のダイニング・ルームの様相とはほど遠い。パーラーとひと繋がりになって見渡せる開放的な空間となっている。夫が「オープン・ハウス」とまで呼んだ活発な交流が、抑制のきいたアーツ・アンド・クラフツ作品の装飾に囲まれ、開放感あふれる室内の空間のなかで行われていたのである。[*29]

グラスナー邸が見せるのは、男女や公私のそれまでの関係性を問い直す力を持っていた側面である。また家庭が外への啓蒙の場として、女性主導で公と私が繋がっていた場ともいえる。建築構造と思想においてアーツ・アンド・クラフツ運動が可能にした点が、ここでは重要に思われる。もっともパーラーやダイニングが女性領域へと移るさまは、のちに、家庭が女性にとって閉塞空間になっていく危うさも暗示している。[*30]

3　召使たちの邸宅

自宅に活動範囲を得て、フランセスが展開した新しい行動様式は、シカゴでのアーツ・アンド・クラフツ運動の新しい側面を見せたといっていいだろう。しかし、慈善活動の数々、自主活動の数々を通してのシカゴへの文化的貢献も、男女の役割に変革をもたらす夫婦の新しい関係も、召使との間ではうまくいっていなかったようだ。二人の子供をかかえ、毎週何十人も来客が集い、時には支援していたオーケストラのメンバー全員が食事をしたとも伝えられる彼らの生活。使用人なしではとても成り立たない生活だったろう。では使用人たちはどこにいたのか。

平面図を見て驚くのは、その面積の半分が召し使い用で占められていることだ。使用人の居住区はプレイリー通りに面した正面入り口からは一番遠く、建物の奥にある。地階が洗濯場、一階が台所と食料庫、二階が彼らの寝室であった。当時の清潔への関心を反映して、輝くばかりの白いタイルの台所、高級な食器を洗ったであろう銅製の流し台、客人用の食器が並ぶ食器棚が印象的だ。そして家人からは決して使用人たちの動きが見えないように、サービス専用の長い廊下が

グレスナー邸の使用人部屋

グレスナー邸のサービス専用廊下

建物の北側に仕組まれている。光あふれる中庭には使用人が過ごせる場所はない。同じ建物の中にいて、見事にその階級差が仕組まれているのである。

頻繁に外出するグレスナー家にとって不可欠の御者、そして執事。女性の使用人は、料理人、洗濯婦、家事一般をこなすメイド、夫人専用のメイドら合計六人が常駐していた。それぞれ個室があてがわれていた。

フランセスはリチャードソンに女性の個室にクローゼットを設置するように注文をつけた。これも即座に設計図を修正してクローゼットを配置したというリチャードソン逸話として語られてきたが、各部屋に召使専用のクローゼットを設置することは当時としては稀な、女主人の気遣いであった。しかし、同時に使用人の生活管理を担う女主人の姿勢を見事に表している。さらに共有するシャワールームも二箇所しつらえられていた。恵まれた住み込み空間を与えられていても、彼らが二十四時間勤務を強いられていたことに変わりはない。邸宅の外に出る機会はあったが、子供たちを遊びに連れ出す折や、用事を伴った外出が多かったからだ。日々の仕事から解放されるかに見える外出も自由時間ではなかった。[*31]

一八七〇年にシカゴに移ってから一九〇七年までに、グレスナー邸では、のべ百人もの使用人を雇っていたという。そのほとんどが一年以内で入れ替わり、核となる使用人でも四~五年をめどに入れ替わっていた。結婚すると住み込みから離れる未婚の女性たちが多かったことが、この入れ替わりの激しさを物語っている。平均週三・二五ドル、当時の劣悪な環境の工場労働に比べて解雇も少なく、食事と住まい付きの安心が確保できる仕事だったといわれる。[*32]

フランセスに雇われたのは、ほとんどがアイルランドからの移民女性であった。また新聞にも求人広告を出したこともある。シカゴ・トリビューンやドイツ語圏の人々を対象にしていた新聞だった。[*33] 白人の使用人を探すのが困難だったのか、あるいは、通常は人伝手《ひとづて》に得られる使用人の採用が叶わず、切迫した人手不足を意味していたのかもしれない。

グレスナー夫妻と使用人たちとの関係を象徴するのは一八九一年の夏に全員が大挙して暇を申し出たことだろう。病弱な息子ジョージの療養のため、使用人を連れて出かけるニュー・ハンプシャーの夏の別荘で反乱は起きた。フランセスの日誌では、以下のように記述されている。

　フレデリック（執事）が他の五人すべての署名のある文書を手に、給料の支給が済み次第、全員が辞めたいと言っていると言ってきた。ジョンは支給額の計算を済ませた。フレデリックとジェームズの二人が町で荷車と年老いた馬を手にいれ、各々のトランクを乗せ、全員六時に家を出た。旅費は持たず、給料のみ手にして出て行った。[*34]

淡々とした記述からフランセスの思いを読み取ることは難しい。しかしこの間の事情を推測できるメイドからの手紙が残る。

以下はエマ・シニガーというメイドの一人がフランセスに宛てた手紙である。長年仕えたにも拘らず、食品の横流しや無許可での馬車使用、無断外出の濡れ衣を着せられたらしい。濡れ衣を着せた管理人や雇い主フランセスへの痛烈な思いが綴られている。

　問題が起こっているのを知りながら、奥様は見過ごしてこられたのです。私たちの言い分を聞かずにウィリアム氏（別荘の管理を任されていた人物）と御者の言い分だけを聞いたのが悪いのです。……奥様にお気持ちさえあれば、（全員の暇は）防げたのです。なぜ（私たちが事情を説明する）機会をくださらなかったのですか。

さらに続く。

奥様は私が余計なことを外で話したと思っておられますがそれは違います。……奥様には誠実に仕えてまいりました。仕事も懸命にしてまいりました。決して奥様を裏切るようなことはしておりません。仕事仲間を裏切ることもいたしておりません。仲間を裏切りながら、奥様に忠実であることなど、どうしてできましょう。私は私と同じ出自の者から、友人を選んできました。奥様のためとはいえ、友人を裏切ることなどできません。[*35]

具体的に何が起こっていたかよりも、ここで吐露された心情は決して偽りではないだろう。使用人との境界を越えることができなかったフランセスを、これほど告発する言葉はない。そしてあれほどまでに明確に仕切られた中で生まれた、使用人たちの団結心をも垣間見ることができる。別荘地での規律を記し、使用人に配布された冊子『ザ・ロックス（巨岩荘）』には、食事時間の厳守をはじめ、役職ごとに厳密な指示が記されている。シカゴにおいても冊子こそ残ってはいないが、フランセスが厳しい女主人の側面をみせていたことをうかがわせる。たとえば、幼い息子と娘を敬称で呼ぶように言いつけ、拒んだメイドが辞めていく記述も日誌には残されている。幼い子供にもかかわらず、「ミス・ファニー（ファニー御嬢様）」、「マスター・ジョージ（ジョージ若旦那様)」と呼ばせていたのである。[*36]

夫との生活空間では、それまでの男女の境界を乗り越えたフランセスが、決して譲らなかった使用人との境界。リチャードソンの設計によるこの家は、十九世紀を終え二十世紀に向かうアメリカの都市住宅の新しい試み、それが促す変化と、なおも引きずる階級差を見事に象徴していた。外から家族を護るように作られた内部の空間に、使用人たちを入れることを拒んだグラスナー夫妻だったのだ。外界から隔離された中での、さらなる使用人の徹底した隔離。それは刻々と変化している都市では機能しない危うさを露呈させたといっていいだろう。使用人たちの抑圧された思いが、ニュー・ハンプシャーの夏の別荘で爆発し全員が辞職した事例は、この城壁に囲まれた邸宅の抑圧の重さを物語っている。周囲の人々に道徳観を見せつけた教会建築のような石壁は、皮肉なことにリチャードソンがもう一つ得意とした牢獄建築を思わせる結果となってしまったのだった。

4　子供たちの邸宅
――フランセス・グレスナー・リーの場合

グレスナー邸の隔離された空間に関しては、もう一か所、言及しなければならないことがある。石格子のまぐさ窓の、半地下の子供部屋である。病弱な長男ジョージを気遣って、子供たちの教育は妹のフランセス・グレスナー・リー（以下リー）と共に、家庭教師を呼んで行われていた。

のちに、特異な人生を歩んだリーは、この家の極端に閉鎖された家庭環境の負の遺産が生んだ人物とされた。その証拠が、成人した彼女が導入した犯罪捜査におけるドールハウスの利用だというのである。閉鎖された空間から逃れることができなかった彼女の妄想が、室内の犯罪現場作りという異常な作業に結びついていったと仮定するものだ。[*37]

「ファニー」の愛称で呼ばれたリーの経歴を見てみよう。利発な子であったようだ。母フランセスの日誌には、息子のジョージについては授業の成果や成績の記載が多いが、娘に関しては、リーの質問に思わず笑わされた、など母親らしい心情が散見される。成長した兄のジョージがハーバード大学へ進学を許されたのに対し、当時の多くの女性たちがそうであったように、妹のリーは大学へ進むことを反対された。リーは、情操教育とされた長期のヨーロッパ旅行を終えて、十九歳でシカゴの弁護士ブレウエット・リーに嫁いだ。盛大なパーティーがグレスナー邸のパーラーで催されたことを、父親のジョンは誇らしく語り、母親は招待客のお祝い品を目録のように日誌に記載した。[*38] しかし、リーの勉学意欲は抑えられず、三人の子を連れ三十六歳で離婚すると、独学で犯罪学の勉強を始めるのである。彼女を支援したのは、兄の友人で法医学を学ぶジョージ・バージェス・マグラスであった。リーは、犯罪現場や解剖現場に積極的に出かけたという。[*39]

フランセスと子供たち

兄ジョージの死が一九二九年、母フランセスが一九三二年、病弱だったリーの愛娘の死が一九三五年、父ジョンが一九三六年、支援者マグラスの死が一九三八年。

長年の家族の重圧から解き放たれた思いからなのか、尊敬するマグラスの死が、温めてきた思いに火をつけることになったのか、六十代になったリーは、独自のドールハウスを使った事件現場検証の訓練方法を編み出すのである。警察官や検視官から集めた実際に起こった事件の資料をもとに、分析し再構成し、事件現場の検証訓練の課題として提出している。他殺、自殺、事故など、付属資料の目撃証言と照らし合わせて、集中力と分析力を駆使しながら、犯人を特定する観察眼を磨くというものである。リーが作ったドールハウスは十八（二十あったが、二つは失われた）に及ぶ。一フットが一インチに縮小された、ミニチュア・モデルを使った訓練方法であった。

たとえば、リー自身のバスルームと酷似する壁紙が貼られたドールハウス「ピンクバスルーム」（ケースMarch31, 1942）では、清掃員が犯人と疑われるなか、ドアの上部にわずかに残る糸くずや被害者女性の首周りの紐の位置を確認して、他殺ではなく自殺と認定し、清掃員にかけられた容疑を晴らすというものである。[*40]

今日でも訓練用に使われているため、解答が明かされてないケースも多いが、その一つ、「リビングルーム」（ケースMay22, 1941）では、グレスナー邸に掲げられていた風景画に酷似した絵がドールハウスにある。[*41] 両親の理想郷を殺人現場にすることの落差は、いったい何を物語っているのだろう。語らないリーに近づく方法はないものだろうか。

グレスナー邸のまやかしの家庭像への批判が表れているという見方も成り立つだろう。ドールハウスという女性性とそこから逃れられなかった状況が象徴されているという見方もできる。さらに別の視点も検討の余地がある。十八の殺人現場のドールハウス模型の被害者は女性の方が多い（被害男性十一人、被害女性十三人）。しかも男性の殺害現場は、牢獄や酒場や納屋であるのに対し、女性たちの殺害現場は、圧倒的に家庭である。抑圧の被害者というリー像だけではなく、

ドールハウス・リビングルーム（右奥の部屋が殺人現場）

ドールハウス・リビングルームの解説図

グレスナー邸にあった風景画と酷似した絵

家庭に閉じこめられ、抑圧された女性たちの思いを汲み取った女性解放への先駆的役割を、リーが果たしていたと見ることも可能だ。[*42]

リーの両親は、社会的役割にふさわしい家庭作りを日々実践していた。取りつかれたように、安全で美しい家作りに奔走していた。その安全で美しく、道徳性をたたえていたはずの家庭が、犯罪現場として再現され、そこで死体となる人形を何体も作り続けたリーをどう見ればいいのだろう。被害者として横たわる痛々しい人形からは、犯罪への怒りが間違いなく伝わってくる。

ドールハウス・納屋

ここで、兄の療養のために建てられたニュー・ハンプシャーの夏の別荘を振り返ってみよう。使用人たちが反旗を翻し大挙して辞職した別荘である。そこには、建築プランを任されていた家具職人スコットを相手に遊んだリーがいた。スコットは子供サイズに合わせた小さな遊び小屋をグレスナーの子供たちに作っていた。子供たちにも仕事を手伝わせた。

遊び小屋に備える手作りの調度品を完璧に作ることもスコットから学んだ。アーツ・アンド・クラフツ運動を代表する職人からの手ほどきである。のちのリーの完璧なミニアチュア作りを思わせるものだ。[*43]

そうしたリーの生い立ちを振り返ると、建築模型の発想にも納得がいく。リーが推進した分析の方法は、初動捜査における現場保存が大前提であった。その折の空間認識において、建築やデザインの詳細を確認する作業において、家具の配置や導線、絵の入った額の配置や椅子の統一性の考察において、それらの不自然さや違和感をまず見つけ出すところから始まっていた。建築用語が日常会話であったからこそ生まれた発想といえるだろう。

リー自身は、作品が「ドールハウス」と呼ばれることを嫌った。それは、あくまで犯罪捜査のための教材であり、リーはそれを「難解きわまる死体現場の木の実学習」と名づけた。木の実の固い殻を破ってこそ、真実が手に入る、という意味を込めてつけられた。あくまでも事件現場の現状維持、訓練された科学捜査の導入、死体解剖の義務づけ、医師との共同捜査を目的として掲げている。一九三〇年代、四〇年代のアメリカで横行していた、憶測による犯罪捜査の改善に向けてのリーのたゆまぬ努力と進言こそがもっとも重要な点であろう。

リーは、私財を投じて、ハーバード大学に法医学教室を設立し、研究関連図書の購入を可能にした。恩師マグラスの名を冠した図書館になっている。同大学の法医学セミナーに参加したアメ

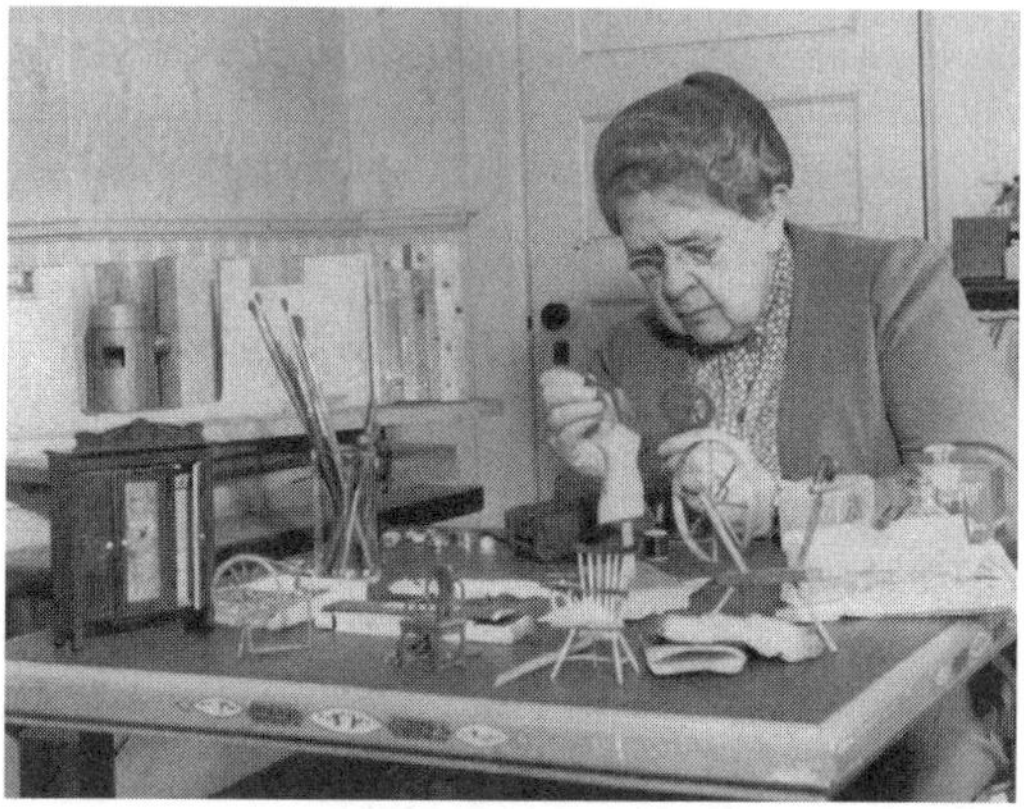

人形を作る晩年のリー

リカの推理作家E・S・ガードナーは、その著作『怪しい花嫁』（一九四九年）において、リーへ賛辞を送っている。

精密機械のような頭脳の働きに対する、深い驚嘆のしるしとして、…本著をニュー・ハンプシャー州警察の警部にして、かつてペリイ・メイスンの思考を混乱に陥れた数少なき女性の一人、フランセス・G・リー夫人におくる。

ペリイ・メイスンは、ガードナーが作り出した人気探偵シリーズの探偵の名である。この作家に、このような賛辞を書かせたことは、「木の実学習」と呼ばれた訓練の真価を伝えるものだろう。そして提唱された緻密な犯罪捜査は、当時の警察関係者の汚職を一掃する流れへと繋がっていったのである。[*44]

教材として手作りされた犯罪現場用の見事なミニアチュア家具に、また手作りの衣装やカーテン・レース・敷物に、リーの育った環境の呪縛をみるのはやさしい。たとえば、リーが気をつか

ニュー・ハンプシャー州の警察署長になったリー

ったのは、「壁紙の柄の選択」であった。彼女は居住者、つまり被害者の価値観を最も伺えるものとして壁紙を重要視していた。それはまるで両親の姿を髣髴させる。しかし、そうした知識を持ったことが、家庭の閉鎖性を越えるフランセス・グレスナー・リーを生んだこともこの邸宅の遺産だろう。そしてリーにそれを可能にさせたのは、もう一つの母からの遺産、すなわち裁縫（刺繍）の力であったことだ。

リーは課せられた空間の呪縛を自分の持てる力で脱出した、当時の多くの女性たちの一人であったといえるだろう。紅一点、最後は移り住んだニュー・ハンプシャー州の警察署長にまで上り詰めたリーの姿は、十九世紀を生きた両親には想像もできなかったことだろう。

個人の心情を文書に残さないリーの姿は、心情を吐露することを拒んだかのような、淡々とした日誌を残した母親フランセスに重なる。殺人現場作りの理解だけでなく、アメリカにおける閉された暴力空間を告発するうえでも検討が必要であろう。暴行といった殺人現場に目をつけたその視点は、今後もフランセス・グレスナー・リー個人への教材は今日でも犯罪現場で訓練用に使われている。[*45] 家庭内暴力、アルコール依存症、売春、性的裏に隠されたリーの心情はミステリーのままである。今後の研究をまたねばならないが、リーの

十九世紀末アメリカで誕生したグレスナー邸は、家人にさまざまな挑戦を課してきた。理想の居住空間を作った夫。内装に関わることで居場所を手に入れた妻。しかし、同じ空間を共有しながら、異なった階級の人たちには思いが至らない夫妻の姿。そして理想とされたその空間を殺人現場に仕立てることで理想の空間を告発した娘。

アメリカにおける建築史の変遷、アーツ・アンド・クラフツ運動に代表される美術史の動向、女性をめぐる家庭観の変遷、公私の領域の検討、男性・女性領域の見直し、当時の権力構造、階級構造、ジェンダー構造の実態を、このグレスナー邸だけで語れるとは思わない。しかし、人形の世界とはいえ、犯罪現場となった家庭に踏み込む警察権力こそ、守ろうとした空間の対極にある姿だろう。この実験的なシカゴの都市住宅の成立とその移り変わりには、特殊な家族の事例としてだけでは終わらない、新しい建築を求めた都市生活空間への挑戦と限界、その負の遺産が見えてくる気がしてならない。

第四章　エレン・ゲイツ・スターの抵抗

世俗化を拒むアメリカの底流

前章グレスナー邸のある、かつてのシカゴの高級住宅地、プレイリー通りから五～六キロ離れたサウス・サイド地区に、「ハル・ハウス」という名の施設がある。この施設は、一九七〇年代、イリノイ大学のキャンパスが移転してきたことで、取り壊されてしまった。今では、開設当初の建物の一部が再建され博物館となって残っているだけだが、十九世紀末には、移民労働者たちが暮らす貧困地区の中にあった。

この貧しい移民居住区に移り住んで、「ハル・ハウス」という名の福祉施設を開設したのが、今日、博物館に名前を冠するジェーン・アダムズである。一八八九年のことである。この福祉施設で展開された活動の数々は、革新主義運動と呼ばれた二十世紀初頭の一連の改革運動を牽引したといっても過言ではない。

どのような改革であったか。それはたとえば、それまで野放しだった鉄道をはじめとする大企業の独占に歯止めをかけ、企業の競争を取り戻そうとした。衛生管理や労働条件を無視した悪徳企業をやり玉に挙げ、規制を強化した。不衛生で危険極まりない食肉加工工場を告発したアプトン・シンクレアの小説『ジャングル』（一九〇六年）が思い出されるだろうか。腐った肉や縄屑、ネズミの死骸すら混入される缶詰工場を暴露したものだ。労働条件の改善、汚水処理や水道整備、

ハル・ハウス本館（左は、最初に増築されたバトラー・アート・ギャラリー）

居住環境の改善、また民主主義とは名ばかりで、移民居住区の票を牛耳る汚職にまみれたボス政治が横行した都市の市政改革を生んだ。

市政をはじめ、州、そして連邦政府における法の整備を中心に、改革の機運は全米に広がり、効率よく近代化を推し進める原動力になったと評価された。この全国規模に及んだ改革において、移民たちの生活改善に目を向け、改革を牽引したのがハル・ハウスに代表されるセツルメントと呼ばれた移民救援施設だった。改革の最前線を担ったのである。なぜ最前線を担えたのだろうか。貧しい移民労働者たちの実態と情報が真っ先に手に入ったからである。ここで、セツルメントの発端を紐解かなければならない。

工業化と都市化に伴い、資本主義のもたらす惨禍をいち早く体験したのはイギリスであった。そのロンドンのイースト・エンド地区の貧民街に、一八八四年、オックスフォード大学を中心とする男子学生たちが移り住んで奉仕活動を始めた。そこは、キリスト教社会主義者のサミュエルとヘンリエッタ・バーネット牧師が貧しい人々の中で、共同生活を始めていた場所だった。学生たちが敬愛した経済学者、アーノルド・トインビーにちなんで、「トインビー・ホール」と名づけられたその施設は、劣悪な環境に置き去りにされた労働者の生活改善につとめ、社会改革への情報・発信基地となった。この試みは、同じ志を持つ者たちに同様の施設づくりを世界中に促していった。日本では安部磯雄や賀川豊彦が大きな影響を受けたと言われる。

この施設の活動の原則は、貧民地区に移り定住するということであった。セツルメントの語源、セツル（settle）とは移り定住する、の意である。よってセツルメントは「植民地」という意味でも使われてきた。貧しい者たちの居住区に、まるで異民族支配に乗り込むような視点が気になるところだが、しかしここでは、移り住んで周りと一体となることが、この奉仕施設の条件であった。

イギリスにおいては、エリート男子学生たちに、ステップ・アップとなる、いわば体験学習となったが、アメリカでの展開は異なっていた。より影響力のある社会改革運動に広がっていった理由がそこにある。まず、多くが女性中心で進められたことが大きな違いであった。選挙権もなかった当時の女性たちにとって、政界入りの事前学習とは到底考えられなかったことから、集った女性たち自らが、施設の将来、自らの将来、女性たちの将来、ひいてはアメリカの将来を探っていく過程が特徴的であったことである。また、十九世紀末のシカゴの貧しい労働者とは、人種や民族や文化、さらに宗教もユダヤ教やギリシャ正教などの異なるヨーロッパからの移民であったことも、（のちには、第一次大戦後に北部に仕事を求めて移動してくるアフリカ系アメリカ人、さらにメキシコ系アメリカ人が加わった）アメリカでのセツルメントの展開は、イギリスとは異なる意味を持った。貧困だけではなく、将来アメリカ人になることを期待された人々の言語の違い、慣習の違いにも立ち向かわなければならなかったからである。

第一章で、ニューヨークから始まった「孤児列車」に言及した。都市の浮浪児たちを遠くの農村に送り込むことで、都市の移民問題の解決を図ろうとしたのが「孤児列車」の発想だった。セツルメントの方針は、それとは異なる。都市のど真ん中で解決に取り組んだのである。多くの人々が、見たくはないと、見ぬふりをしてきた都市の貧困地区に自ら飛び込んだのだ。それがのちに本書の後半でみるように、濃密な関係を彼らに強いていった。そのことがこのセツルメントという新しい施設のアメリカらしさを生んでいった。[*1]

この画期的な施設をシカゴにおいて実現したジェーン・アダムズには、実は伴走者がいた。ハル・ハウス創始者のもう一人エレン・ゲイツ・スターである。開設までの道のり、軌道に乗るまでを支えた一人である。しかし、今日、スターを顧みる人は少ない。アダムズとスターは、ロックフォードセミナリー（女子神学校）で同窓（一八七七〜七八年）だった。ハル・ハウス誕生のきっかけとなった、アダムズの二度目のヨーロッパ旅行に同行し（一八八八年）、「トインビー・ホール」に触発され同様の福祉施設開設を思い立ったアダムズに寄り添い、共にプランを温め、常に活動を共にしていたのがスターだった。[*2]

なぜエレン・ゲイツ・スターは、表舞台から消えたのだろうか。この問いはこの施設の発展とその後の役割を読み解く大きな鍵になる。

まずは、消えたスターの晩年がどのようであったか。この問いに答えたのはスエレン・ホイの著作『エレン・ゲイツ・スター：その晩年』（二〇一〇年）である。本書はカトリックに改宗し、不遇のうちに亡くなったスターの晩年の姿を教えてくれる。それによると、スターはカトリックに改宗していた叔母エリザ・スターの影響を強く受けていた。一八八八年のヨーロッパ旅行では、イタリアのアッシジで祭壇にひれ伏して涙していたという。本書は若き日から続くスターのカトリック信仰への思いの数々を挙げ、晩年のカトリックへの改宗が、決して突飛な決断ではなかったと説明している。スターのカトリックへの改宗を擁護しているのである。擁護の背景には、カトリックへの改宗者を「売国奴」とまで見なしてきたアメリカの宗教事情がある。[*3]

十七世紀にイギリス植民地として始まったアメリカ北部地域への入植は、宗教改革後のイギリス国教会への不満を持った人たちで始まっている。聖書の教えを忠実に守る新教プロテスタントの人々にとっては、イギリス国教会の制度は不十分であり、また儀式などに残る旧教カトリックの残滓を不純なものであるとして、改革を求め続けた。「不純」なものを排除する、その厳格な姿勢から、「清（不純を取り除く、清める）教徒」と呼ばれた人々である。しかし、彼ら清教徒（ピューリタン）はイギリス国教会から厳しい迫害に会い、新大陸アメリカに新天地を求めた。最初は一六二〇年、プリマスにわずかな人数で到着した。メイフラワー号で辛くも生き残り、プリマスに足跡を残した彼らは、その後、巡礼始祖（ピルグリム・ファーザーズ）と呼ばれる。ファーザー、「父」と呼ばれているのだ。アメリカの歴史において、他に「父」と呼ばれるのは、建国の父たち（ファウンデング・ファーザーズ）と呼ばれる独立の指導者たちだけである。いかに特別視された集団であったかが伺い知れよう。母国イギリスでは、その後も彼らが望んだ改革に進展は見られず迫害が続いたため、十年遅れで、大挙して清教徒たちはプリマスの近く、マサチューセッツとのちに呼ばれる地域に入植した。

東海岸南部のジェームズ川周辺には、奴隷制度を導入することになる利益重視のイギリス植民地がすでに成立していた。イギリス国教会の長も務める国王の名が刻まれて発展した植民地である。処女（ヴァージン）王であったエリザベスの名を取ったヴァージニア植民地で、中心となる街は国王ジェームズの名を冠したジェームズタウンといった具合だ。

しかし、アメリカの歴史は、北部に入植した後続の人々に光を当ててきた。迫害から逃れ、宗教の自由を求めたと美化された清教徒たちの植民の起源は、今日に至るまで、アメリカを「自由の聖地」のイメージと結びつけている。その実態が信仰の厳しさを求めるあまり、いかに偏狭であっても、たとえば魔女狩りなどで、のちに知られるようになっても、彼らの入植を重視する歴史観はなかなか変わらない。アメリカがプロテスタントの強固な宗教共同体で始まったことは、ヨーロッパに向けても、イギリスに向けても、きわめてアメリカの独自性を強調していく礎となったのである。

そもそも入植民の発端となった自己プロデュース力が素晴らしい。マサチューセッツ湾植民地の初代総督ジョン・ウィンスロップは、次のように宣言した。

全世界の人々の目が我々に注がれている、「丘の上の町」（聖書に基づく模範的社会）たらん、と。

「自由の女神像」が、この迫害された人々の避難所であり、さらに世界の見本となるというイメージを強化していくのは本書の冒頭でも言及した。このプロテスタントの聖地は、独立を経て、信教の自由を謳いながらも、神に選ばれた者たちの国アメリカ、世界の指導者たらんとする宗教基盤を築くことになっていった。

このプロテスタント国アメリカに、十九世紀半ば、大勢のカトリック教徒が流入する。ジャガイモ飢饉を逃れてやってきたアイルランド移民である。たちまち彼らに偏見と差別の目が向けられた。アイルランド移民の辿った過酷な歴史は、たとえば、危険な運河や鉄道建設や、十九世紀末には、地下鉄や高層ビル建設を引き受け、消防や警察の、これも命に関わる仕事に携わりながら、アメリカ市民として受け入れられていった歴史であった。鉄道の枕木の一つひとつがアイルランド人の棺と言われた。差別や偏見が和らいだのは、一九六一年のジョン・F・ケネディ大統領の登場まで待たなければならなかった、とまで言われてきた。[*4]

プロテスタント国アメリカで、「卑しい」移民の宗教と侮られ、改宗は売国奴に等しいとまで言われるなか、エレン・ゲイツ・スターは、カトリック教徒への改宗を決断した。ホイの著作によると、一九二九年の結核の手術後、下半身不随となったスターを支え、カトリック教会付属の介護施設への入所を可能にしたのも信仰を同じくした人々の助けであった。頼る家族のない晩年のスターが、修道院で共に過ごしたのも、信仰を同じくした人々であった。凛として生きたスターの最後の姿と同時に、若き日には想像もできなかった活動家の老いの姿を伝えている。[*5]

謎であったスターの晩年は解き明かされたが、最初の問いはまだ残っている。なぜ、スターは表舞台から消えたのだろうか。

スターは長くその功績を忘れ去られただけではなく、脱落者のイメージをも背負わされてきた。[*6]スターは、ハル・ハウスが選びとっていった価値観の対極を象徴していた。芸術教育においても、労働運動においても、社会改革の方法においても、宗教の選択においてでもある。

アダムズとは対照的に、[*7]退けられ、忘れ去られた。十九世紀後半、近代化が進み、都市に移民があふれ、社会の非キリスト教化が進むアメリカで、スターがハル・ハウスの改革に背を向け、求道の道を選んだことの意味は、今日のアメリカ社会を考えるうえでも重要と思われる。近代化のひずみの是正に、最前線で飛び込んだスターだからこその、最後に下した決断の重みを再確認してみよう。

1　レジデンツ仲間

アダムズとスターが二人で、シカゴの「トインビー・ホール」となるような活動拠点を、捜し歩いた記録が今に残る。移民労働者が集中するサウス・サイド地区、十九区のホルステッド通り沿いの一角に、取り残された一軒家を見つけ、二人は小躍りする。裕福なビジネスマンであったチャールズ・ハルが、一八五六年に建てた邸宅は、緑の多いシカゴ郊外にあった。しかし、一八七一年にシカゴを襲った大火から免れたものの、焼けた周りの地域には、安アパートが立ち並び、一八八〇年当時、かつての邸宅は見る影もなく、葬儀屋と酒場に挟まれていたという。あたりから取り残されたその家の家主をまず探し出し、借りる決断をする。相続していたハル氏のいとこヘレン・カルバーは、支援を申し出、のちには周りの土地を施設の拡張に提供する女性となる。この二階建ての建物（のちに三階建てに改造）に、アダムズ、スター、さらに、あまり知られてはいないが、アダムズが自宅から連れてきた使用人メアリー・ケイサーが加わり、三人で共同生活を始めた。一八八九年九月、ハル・ハウスの始まりである。[*8]

ハル邸の周りは、すでに十九世紀半ばから定住し始めていたカトリック教徒のアイルランド系移民、プロテスタントのドイツ系移民に加えて、ロシア、ポーランド、ボヘミアから迫害を逃れて次々と移住してきたユダヤ系移民、さらにカトリック教徒のイタリア系移民、ギリシャ正教徒のギリシャ系移民らによって囲まれていた。

十九世紀から二十世紀初頭に集中してアメリカに流入した彼らは、初期の西ヨーロッパからの移民とは文化も宗教も異なる東ヨーロッパ系の移民だった。前者を旧移民、後者を新移民という。後者はその数においても、都市に集中したことにおいても、前者の比ではない。西海岸に押し寄せたアジアからの移民も新移民と呼ばれたが、のちに、文化や宗教の違いだけではなく、労働現場での競争相手としても嫌われ、帰化不能のレッテルを貼られていく移民たちである。厳しい移民法（一九二一年、一九二四年、中国移民に関してはさらにさかのぼって一八七二年）によって、締め出された。日米関係史を紐解くとき、避けて通れない排日移民法である。同じ英語圏で、宗派が異なるとはいえ、キリスト教徒のアイルランドからの移民でさえ、嫌悪の対象となった国である。ユダヤ教やギリシャ正教、東洋の習慣を伴った人々への差別は想像がつくだろう。[*9]

移民でごった返すこの地区に、アダムズたちが住み始めた頃、当時の新聞が女性たちの動向を好奇の目をもって報道している。しかし、瞬く間に、多くの女性たちの拠り所となり、活動拠点となっていくのである。建物の増築・拡大とともに、第一次大戦を目の前にしたピーク時には、五十人から七十人の女性たちが常駐する一角となった。

ハル・ハウスは、住み込みが条件で、彼女たちは自らをレジデンツ（居住者）と名のった。リサイド（reside 暮らす、生きる）に語源を持つ言葉で、そこに暮らし生きる者という意味だが、一軒家の「ハウス」での共同生活という住まい方で始めたにもかかわらず、家族の一員（family member）といった用語を使わなかった。結婚を強いる当時の家族観から逃れて集まった女性たちが多かったこともあるだろう。また大学の学位を持つ女性が多く集まったことも特徴である。家庭を離れて大学という新しい環境で同じ仲間たちとの生活を体験し、もはや家庭に戻り、当時期待された女性の役割を担うことができなかったのである。施設の趣旨と志を共にする居住者＝レジデンツ、という呼び名を使った。

開設当初は、大学の女子寮といったイメージが相応しいかもしれない。ハル・ハウスの初期の活動は施設の周りの清掃作業に始まり、浮浪児たちの遊び相手をしながら、遊び場づくりや英語教室、子供食堂、ひいては児童労働禁止や子供たちの母親を労働現場で守ることを優先させる女性労働保護法、寡婦年金支給などへと運動が展開していった。若い女性たちの手さぐりから始まった移民支援であったことに納得がいく。

幼稚園や保育所、教育施設、さらには移民の労働状況を話し合う会場が増築されていくなかで、男性も加わり、また夫婦、家族で一室を使うレジデンツも加わった。その長を務めたのが、ヘッド・レジデンツと呼ばれたアダムズだった。レジデンツを希望する者は、まずボランティアとして関わり、共同生活を希望すると、すでにレジデンツとなった者たちが投票して、共に住むことを許可したと言われる。共同生活のための五ドル程度（一八八五年当時）を支払い、奉仕活動は無給であった。集った者たちの裕福な背景を物語っている。

レジデンツになると、最低半年は暮らすことが条件だったが、その多くは、それ以上の期間を過ごした。もともとハル邸にあったパーラーや図書室、レジデンツの増加に伴って増築されたダイニングホールでは、常にレジデンツが集い話し合い、活動方針が練られた。

ハル・ハウスで暮らした著名なレジデンツとして名が挙がるのは、少年裁判所の導入や青少年の精神衛生研究にも先鞭をつけ、のちに連邦児童福祉局の局長となるジュリア・レイスロップ、悪質な工場経営で生産される商品の不買運動や労働者の最低賃金を保証する運動を展開する全国消費者連盟の長となるフローレンス・ケリー、いち早く鉛中毒などに注目し、産業医という職業を開拓していったアリス・ハミルトンらである。ハミルトンは、その後、ハーバード大学初の医学部女性教授となった。

その他、ソフォニスバ・ブリッケンリッジは、社会福祉学という分野の草分けとなり、エディスとグレイスのアボット姉妹は、エディスは経済学者としてシカゴ大学の教授となり、グレイスは移民保護連盟の長として活躍したあと、レイスロップの後任となって、児童福祉政策に名を残した。レジデンツとして暮らした期間の長さ、活躍の華々しさ、切磋琢磨した様子は、共に暮らしたハル・ハウスでの経験を物語っている。

初期の活動家たちが去り、セツルメントの当初の勢いがなくなるなかでも、レジデンツという運営方式は続けられた。この運営方式が終わりを告げる一九六三年は、まさにセツルメント運動の終わりの年ともいわれるのであった。[*10]

はじめの問いに戻ろう。州や連邦をまたにかけ華々しい活躍を繰り広げるハル・ハウス出身の人々の中にスターの名前はない。ハル邸の同じ屋根の下で他のレジデンツたちと暮らしながら、スターはどこにいたのだろう。ここで、ハル・ハウスの一室でスターが始めた製本作業の現場を伝える写真を見てみよう。

静謐な佇まい、整然と置かれた道具から自らが使う道具への思いを感じ取ることができるだろう。壁に貼られた写真はウィリアム・モリスにジョン・ラスキン、帽子を被るのはT・J・コブデン‐サンダソンである。ジェフリー・チョーサー作品集の扉、世界三大美書といわれるアーツ・アンド・クラフツ運動の金字塔も掲げられている。さらに、児童福祉が最大の関心であったハル・ハウスの精神を象徴する母子像が飾られている。[*11] 画家の判別は難しいが、スターがシカゴの小学校にヨーロッパ絵画の複製を寄贈したことを振り返ると、そうした折の複製画らしき絵画が他に数点飾られている。ハル・ハウスにおけるスターの想いがすべて壁に現れたようだ。

スターはハル・ハウス開館当初、全体の装飾を任され、細心の選択を行ったことで知られている。[*12] ハル・ハウス内の装飾は、移民との接触のうえでも、理想を掲げて共に暮らしたレジデンツにとっても日々の支えであり、彼らの心情を知る手がかりである。ハル・ハウスは、スターの美

スターの製本作業場（ハル・ハウスの一室）（口絵参照）

意識と理想を象徴してスタートしたといっても過言ではない。

製本に取り組んだスターの思いは、一九〇〇年の小さなパンフレットに残る。スターがハル・ハウスに移り住む前、美術の授業を学校で受け持った経験があること、自分で創造したい欲求に常に突き動かされてきたことを告白している。そして現代社会において、美しいものと出会う喜びは奪われ、心と手仕事がばらばらになり、労働と精神が乖離していると訴える。人々が日々、無味乾燥な機械的な作業に追われていることを憂い、手仕事の喜びを取り戻し、伝えることこそ、自分が製本を通してやるべき使命と決意を語っている。[13]

スターの師は当時圧倒的な人気を誇っていた前述のT・J・コブデン‐サンダソンであった。講演集にみられるT・J・コブデン‐サンダソンの主張は、ラスキンを師と仰ぎ、中世の教会が取りまとめていた役割を新しい芸術家の使命として担おうというものであった。イギリスで興ったアーツ・アンド・クラフツ運動を製本で実践していた人物だった。

アメリカの地を踏んだことのなかったラスキンやモリスとは異なり、コブデン‐サンダソンは、熱狂をもってアメリカで迎えられた。中世美術に憧れていた上流階級にも、職人文化の伝統が弱いとはいえ、機械化で手仕事を追われた職人たちにも、広範囲に受け止められていたからである。コブデン‐サンダソンは、講演する先々で職人組合の復活、芸術家の共同体作りを訴えた。高揚感にあふれた指導だったのであろう。製本に関して語られる、「審美的」、「包括的」、「崇高」、「調和」、「全体像」、「総合性」、「統一感」などの用語が描く理想世界は、何事にも没頭するスターを引きつけたことだろう。南北戦争後の産業化に邁進する国家への警鐘として響いたことだろう。[14]

スターが傾倒した、初期のアーツ・アンド・クラフツ運動のハル・ハウスへの導入は、改革志向の上流階級からの金銭的支援によって可能になった。前章、グレスナー邸の母親フランセスも、ハル・ハウスのアーツ・アンド・クラフツ運動の指導者の一人から、彫金を学んでいた。

スターの活動を見ていこう。一八九二年発行の『芸術と公教育』には、スターが教員時代のネットワークを使って、学校に美術作品を展示していく様子が報告されている。子供たちに美しいものを見せたい、芸術を教育に役立てたいという強い思いが語られる。新しいアメリカを支える子供たちの未来が保証されなくてはいけない。産業主義の惨禍にさらしてはいけない。[*15] スターを中心に設立されたシカゴ公教育美術ソサエティの活動は『シカゴ公教育美術ソサエティ』(一八九六年)に誇らしく報告されている。[*16]

ハル・ハウスでは一八九一年、ハル・ハウスに初めて増設された「バトラー・アート・ギャラリー」に結実しており、スターが選んだ多くの作品が展示され、人々が訪れ、支援者の獲得にも大きく貢献した。訪れた人々がお気に入りを選んで投票するなどのイベントも催され、芸術拠点として人々が集う、ハル・ハウスの出発を特徴づけている。[*17]

一八九五年の『芸術と民主主義』[*18] では、歴史が浅い民主主義国家アメリカには芸術作品に見るべきものがないとスターは嘆く。スターの憧れは愛読書であったラスキンの『ヴェネツィアの石造建築』(一八五一~三年)で語られる都市の姿であった。それに比べ目をおおうばかりの大都市シカゴの現実を強い口調で非難する。たむろする女性たちの服装や余暇にも批判の矛先は移り、倫理観をなくした都市への強い嫌悪を垣間見ることができる。しかし、アメリカの誇るべきは大自然という考えを退け、また当時人々が憧れた田園への逃避でもなく、また田園の復活でもなく、[*19] あくまでも都市の未来のために、都市に残り、より美しい街づくりを提案したのである。セツルメントがその拠点になるのだという強い思いを語っている。

さらに、セツルメントの意義をより明確に語るのが、同じく一八九五年の『芸術と労働』である。まるでウィリアム・モリスが乗り移ったように、国家が芸術を持つならば、それは民衆のものでなければならない、と宣言する。そして、喜びを持って働く自由が保障された人々の「労働」が、「芸術」として結実するのであり、「社会国家」という名で、スターの呼ぶ民主主義国家作りの前提となっていくのだと述べている。

ここでも前論文と同様、セツルメントがシカゴという都市に集う人々の労働と芸術への発露を守り育てる拠点として位置づけられている。ラスキンやモリス、アーツ・アンド・クラフツ運動から学んだ改革の想いが、極めてアメリカ的な南北戦争後の新しい国家作りに位置づけられていくのが見えるだろう。芸術を核とするその思いは、「人間を取り囲む環境において、真の芸術の働きを支援し、芸術への愛を鼓舞しないのであれば、何も生み出すことはできません」と語る言葉に象徴されている。[*20]

このエッセイは『ハル・ハウスの地図と論考』[*21]の中のスター寄稿文である。大学や既成の体制から除外されていた人々が集い、手作りで始めたハル・ハウス周辺の実地調査報告は、社会学調査の初期の重要な証左とみなされている。児童福祉が最優先だった女性たちの手で編まれたことから、アメリカ社会学成立初期の社会福祉先行型の特徴を生んだといわれるハル・ハウスの成果である。[*22] アダムズはこれらの調査結果を、劣悪な移民の住居、労働状況の改良、改革の切り札としていった。
しかし多くの研究者はスターを例外的な人物として捉えている。スターの論点・その方法はインタヴューの結果や統計データに基づいた実証研究の先駆けとなる他の寄稿文とは異なっているからである。都市環境改善、労働・福祉立法に大きく傾いていくフローレンス・ケリー、ジュリア・レイスロップ、アリス・ハミルトンらの著作傾向と比較すると、スターが願う芸術拠点としてのハル・ハウス像は明らかに異質である。協力関係にあったシカゴ大学の社会学者たちとの連携もスターの文中では言及がない。[*23]

こうした違いは、ハル・ハウスが労働・福祉立法化という形で現実に立ち向かうことでいっそう際立っていった。連邦政府の役割の拡大、州政府の市民生活に関わる部署の確立にしたがって、ハル・ハウスは活躍の場を広げていったからである。

こうした立場を意識してか、スターは一八九七年十二月から一八九九年三月まで、前述したT・J・コブデン‐サンダソンに弟子入りを果たした。自分の寄って立つところを見極めようとしたのだろう。「あなたは何をもって社会に貢献できるのか」という問い[*24]を突きつけられたとき、スターは製本指導を選んだのである。弁護士や医師、黎明期の社会科学の分野に籍を置いていくハル・ハウスの友人たちに囲まれ、周りからあなたの専門はなにか、と問われる中で、自分の持てるものを確認しなければならなかった。その強い思いは女性の弟子を取らなかったコブデン‐サンダソンを説得し、初めてのアメリカ人の弟子となって修行したことにも表れている。

イギリスから帰国した後の熱意は前述した一九〇〇年のパンフレットにも明らかだ。少数ながらもスターは弟子を取り、指導を展開した。ハル・ハウスにおける製本制作の成果は、一九〇四年に展示会となって結実した。スターの製本制作活動のピークであった。[*25] しかしその後、スターの民主教育・市民教育の拠点とした芸術教育への情熱は、急速に失われていく。何があったのだろうか。スターの思いを探る鍵はあるのだろうか。

スターには一九一五年から一九一六年にかけて四回にわたる製本・装丁に関する論文がある。[*26] 数少ないスターの著作のなかで、その人柄を垣間見ることができるものだ。芸術教育を社会改革の中心に据えたスターが、十年後に製本・装丁の指導をどのように語っているだろうか。

四編を通して共通しているのは、目標を美しい本を作り上げること一点に絞って語っていることである。手順よく、手際よく解説されている指導は、スターの無駄のない性格、揺るぎなさ、厳しさ、要求の高さを表している。弟子と接するその様子は一対一が基本である。

「『面白いこと！　いままでに見たことがないわ！』は間違ったことへの褒め言葉なのです。一度は生徒にこう書いたこともあるのです。『やってはならないことをすべてやってしまった素晴らしい見本です』と」。

弟子自身が間違いに気付くことが原点という指導である。一方、自分の失敗、いくら努力してもできなかったことを正直に伝える姿は好感の持てるものだ。装飾のデザインは製本者独自のものであり、模倣は許さない。道具を自ら作って仕上げる誇りを弟子に語っている。文様が施されると、「私に微笑みかける」という表現でその喜びを隠さない。

しかし同時に、あくまでも製本は本の保護であり、不必要に装飾に凝ることを戒めている。出来上がりを世に出す段階を、身だしなみを整えた人の姿にたとえていることもスターらしい。個性的な着こなしで友人たちに知られたスターだからである。何より、自分らしさを大切にすること。自分に愛情を注いでこそ、身だしなみは整い外に出る心構えが完了するのだと言う。こうした視点はスターの人との出会いに臨む考え方をも垣間見せるものだろう。[*27]

厳しい技術の習得の過程に集中して語られた四編には、民主主義教育の基盤としての芸術という視点が欠落している。かつて見られた、周りの社会環境、またその変化への目配りもない。ハル・ハウスで始めた製本教室の熱意は、もはやここにない。民主主義国家の芸術のあり方を論じた初期の意気込みから遠く距離を置く姿である。語られるのは一対一で指導する極度に集中した時間の流れである。また指導に見られるプロセスの重視も特徴だろう。あくまでも製本という作業重視、その工程に中心が移っている。

同時に集中した仕事のもたらす静寂にも言及している。製本を「心安らぐ楽しみ」とも言っている。[*28]なぜ安らぎを強調するのか。実はこの時期、スターは人生の中でもっとも厳しい戦いの中にいた。スターはハル・ハウスの仲間たちから一線を画し、激しい労働運動に関わっていたのである。そしてその凄まじさから安らぎを切望していたのである。

スターはかつて『芸術と労働』の中で、自由が保障された人の労働こそが国家を支える芸術であると語っていた。人々の自由な表現が保障されることが社会の根幹であった。自由がなければ美しいものも作り出せない。

ところがハル・ハウスの周辺は生計が成り立たない人々の現実があった。かつて彼女は芸術教育を通して都市シカゴにおける市民教育の基礎を築こうとした。人が本来持っている自由の発現、それが持つ創造力への信頼が根底にあった。しかし、スターは限界を感じていたのである。その苦悩を次のように書き残している。

「高価な製本は働く人々となんの接点も見出せませんでした。製本にかける唯一の言い訳は、他の事に時間が割ける収入源であることだけでした[*29]」

ハル・ハウスでの十年の歳月を経て、自由さえ保障されない労働者の解放のために、スターはあれほど愛した製本を封じ込め、労働組合運動に加わる道を選んだ。

2　スターの労働運動とアダムズの労働博物館

スターが労働運動に関わり始めた頃のハル・ハウスの様子を垣間見ることができるエピソードを紹介しよう。本来、アダムズはスターの考える芸術と同じ方向を向いていたはずだった。『ハル・ハウスでの芸術活動』（一八九五年）において、アダムズは高尚な余暇のためだった当時の芸術のあり方を批判し、一般の人々の手に届くようにと、芸術のあり方、その教育の方法と影響力を模索する発言を残している。[*30]

しかし、アダムズの次の記述に出会うとき、芸術教育の方向性がスターとは異なっていることに気づく。レジデンツが、ハル・ハウス内の劇場の壁画を描くプランを語る箇所である。現存しないが、劇場はハル・ハウスにおける一大教育拠点の一つになっていく施設である。訪れた人々が目にする四面の壁画は、ハル・ハウスのメッセージでもあった。

第一候補はトルストイの肖像を描くことであった。これには異論がなかった。農作業をするトルストイ像が選ばれた。「あなたのなすべきことをやりなさい。それこそが誇りとなる」と側に刻まれた。次にリンカーン像。こちらもシカゴの若い芸術家たちの協力を得て実現にむかう。川に漕ぎ出る若者像として描かれていたという。アダムズの尊敬する二人のヒーローがレジデンツに共有されている。

問題は残りの壁面二か所に描く人物をだれにするかであった。アダムズも驚いたことに、長年仲たがいすることなく、暮らしてきたレジデンツが、そのヒーロー崇拝において仲間割れを起こすのである。候補にあがったのは、ダビデ像に、セント・パトリック像、ジャンヌ・ダルクにパスツール。「ウィリアム・モリスの名をあげる者もいたが、『社会主義者の一部しかその名を知るものもいない』」とアダムズは冷ややかに記す。意見はまとまらず最後は風景画になって落ち着く。この議論の熱狂をアダムズはハル・ハウスが芸術の拠点となることを目指した初期の目的が好ましい形で展開していると好意的に結論づけた。

注目したいのは、スターらが少数の社会主義者として、レジデンツの中で位置づけられていることだろう。芸術論をかわすレジデンツの様子を映像のように描くアダムズの見事な語りの中で、ひっそり佇むスターの姿が浮かび上がるようだ。

さらにアダムズは建築様式に言及し、アーツ・アンド・クラフツ運動から影響を受けた発想、その活動との決別を記すのである。アーツ・アンド・クラフツ運動は、昔の人が、いかに心豊かであったかを、過去の工芸品やデザインの在り方から見ることを教えてきた。しかし、アダムズにとって、たとえば建築における装飾の壁泉《へきせん》は、美術史の研究対象となってはいけない。中世回帰を匂わせる過去の遺物であってはならない。移民と共に生活し、彼らの生活改善を担う自分たちに必要なのは、壁泉の芸術論ではなく、それを見て故国イタリアを想うイタリア移民の心情を汲みとれるか否かが、重要なのだった。移民たちが過去の慣れ親しんだ生活から切り離され、環境の異なるアメリカでの生活を強いられていることを理解することこそが、セツルメントが担う使命であると。それはアダムズが社会学者を表明する瞬間でもあった。

思い出すのは、ハル・ハウスで移民の子供たちを対象にした美術教室である。そこでは子供たちが自由に、故郷の懐かしい建物を粘土で作る授業が展開されていたという。子供たちは思い思いに作品を作っていた。ギリシャのパンテオンも、ロシアのドームの聖堂も、イタリアの彫刻も、美術教室の名を借りて、子供たちの喪失感を補う授業展開となっていたのである。[*31]

アダムズは移民たちを受け入れる中で、その文化の「優劣」を逆転していった。一九〇〇年の労働博物館が好例だ。そこでの展示方法は、初期のハル・ハウスの支援者の多くが、スターを通してアーツ・アンド・クラフツ運動に触発されてハル・ハウスに貸与・寄贈した美術品の傾向、その展示方法とはまったく異なっている。ハル・ハウスの入り口に構えた「バトラー・ギャラリー」は残されたが、新しい労働博物館は、建物裏手のビル内により広い場所を確保して作られた。のちには婦人クラブ（一九〇四年）、少年クラブ（一九〇六年）とよばれたハル・ハウスが誇る教育活動の場が併設され、移民文化の継承の場となっていく施設であった。

職人たちが手をかける工芸品でもある製本とは違い、移民たちが日常何気なく使用する生活用品、その作り方への敬意を見せ、移民が持ち込んだ労働の価値を伝える場を目指した。多様性を

民族衣装を作る移民たち（労働博物館）

受け入れ、分かち合い、アメリカの新しい文化創造を果敢に始めるアダムズの姿が、ここにある。

製作を目の前で見て、体験できる「ハンズ・オン」博物館であり、参加型であることを謳った。もちろんこれには、ハル・ハウスに集ったジョン・デューイらの教育理念が反映されている。あえて学校といわず、博物館の名を冠することで、老いた者も、躊躇することなく訪れ、交流し、移民文化の継承の場とすることを狙った。アメリカに来て取り残される老親世代の尊厳を取り戻し、古いものを嫌悪する子供世代への橋渡しとして位置付けられていくのだった。[*32]もはや高価なスターの製本が並ぶ所ではなくなっていくのである。

しかし、その労働博物館の実態はどのよ

うなものであったか、検証が必要だろう。鳴り物入りで始まった博物館の説明には、常に民族衣装を着た女性たちが作業する姿が掲載された。ハル・ハウスの「年次報告書」には、シチリア系、アイルランド系、ロシア系、先住民などの但し書きつきで、民族衣装を着た彼らが布を織り、かごを作り、レースを編み、陶芸を行う写真が掲載されている。[*33] 出自を偽って衣装をまとった者もいたという。彼らの「パフォーマンス」は、労働博物館が一階に移動したため、開け放たれたその窓から外を歩く人々にも「見世物」のように観察できたという。

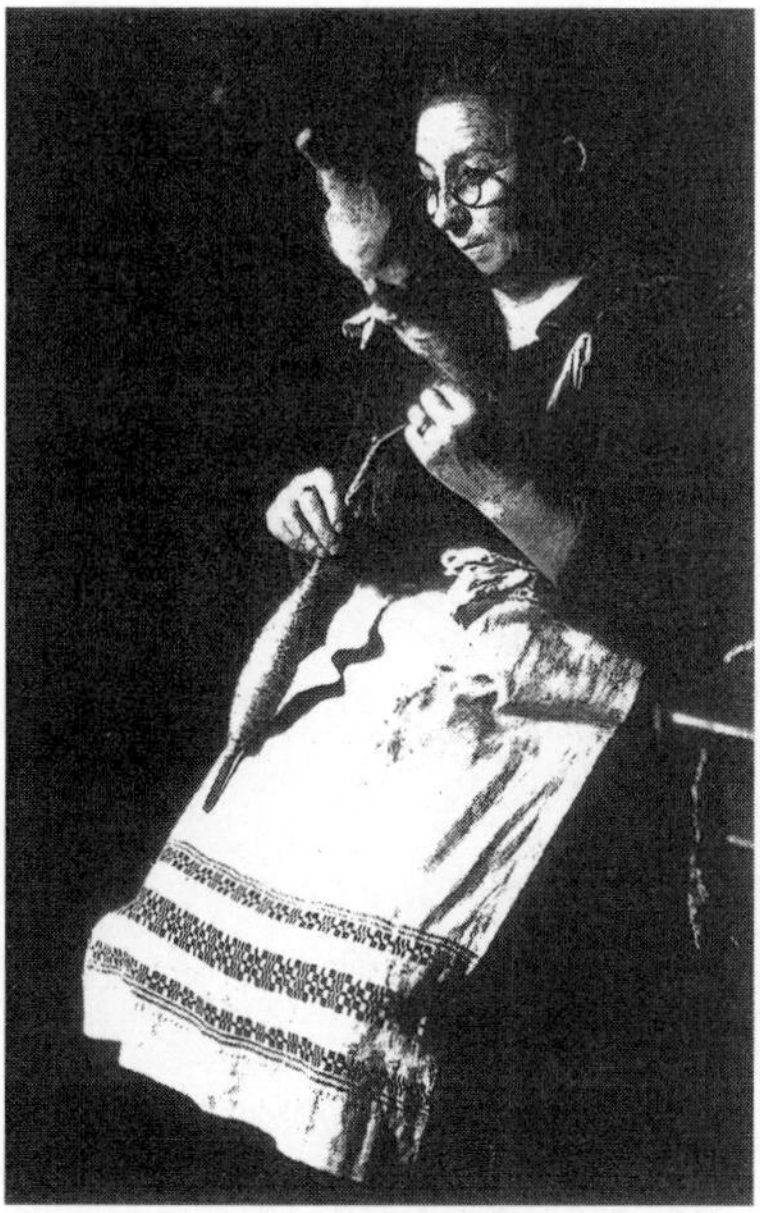

手作業（労働博物館）

臨場感を漂わせるため、シカゴ万国博覧会場から移設され、当時フィールド博物館に保管されていた品々が、ハル・ハウスに持ち込まれていた。新しくアメリカに加わっていく移民にも注目をしていたハル・ハウスは、スペインとキューバをめぐる戦争で勝利したことによって獲得した、フィリピン併合に伴う、フィリピン作品の展示も欠かさなかった。どこから展示品を手に入れていたのだろうか。国土を二倍にも拡大した一八〇三年のルイジアナ購入から百周年を記念して開かれた、一九〇四年のセントルイス万国博覧会場から、閉会後に届けられたものだった。[*34]

労働博物館で最も重要視され、スペースをさいたのは織物の工程の展示であった。初期の原始的な手作業から機械化される過程を解説しながら、展示に工夫がなされた。そこでは機械導入以前の、移民女性たちが担う手紡ぎが「パフォーマンス」の中心だった。労働博物館の名で、結局は「進歩」を目で見える形で強調したのだった。そして労働博物館の展示を解説する年次報告書の最後には「製本作業は場所の確保が困難であること、時間と集中が必要であるため会場にはそぐわないので、撤去された。」と但し書きが添えられている。[*35]

参加型を謳いながらも、移民労働を見世物のように「展示」する労働博物館の実態を知るとき、そしてあれほど心をこめて道具を並べていた、製本作業場を追われたとき、働く人々と一緒にストライキに並んだスターの思いは、どのようなものだっただろう。そして何より、労働博物館の展示には、資本側への批判性がまったく抜け落ちていた。常に資本側との協調路線をとってきたアダムズには、移民たちの持ち込んだ技術への尊厳と、それがあってこその今日の産業発展であることを、目の前で多くの人々に証明することのほうが重要だった。移民をアメリカ社会に取り込むには、歴史の連続性を見せることが、移民にもハル・ハウスを訪れる見学者にも重要だったのだ。

一方、スターは、芸術を生み出す前提と信じる自由すら獲得できていない労働者の声を聞こうとしていた。ハル・ハウスの立地する場所がら、アダムズをはじめレジデンツたちは、当初から労働状況の改善に関わってきた。ハル・ハウスは、シカゴの都市化に伴い、既製服や衣料の製造業で働く人々に囲まれていたからである。[*36] スターの関わり方が他のレジデンツと異なるのは、直接行動で関わったことであった。レジデンツの中で語られることのなかったスターの急進性は、一九四〇年、スターの死後、エレノア・グレース・クラークが回想している。華奢な身体のスターが、次々と労働組合を支援していく様子が称えられ、同時にアダムズが「本能的に避けた急進性」を、ことごとくスターが引き受けていたことを明かしている。スターは、移民労働者への支援を謳うハル・ハウスには、欠かすことのできない存在だったのだ。[*37]

スターが参加した労働争議を見ていこう。最初は一八九六年、ピケをはるスト関係者に食料を配ったことから始まっている。支援金の獲得に奔走した。[*38] 前述した製本の展示会が開かれたその年、一九〇四年には婦人労働組合同盟（WTUL）のシカゴ支部の組合員となって、後方で支援金を集める穏健な方法から、自らがピケに並ぶ直接行動に変わった。

関わった長期ストライキは、一九一〇年九月二十二日から一九一一年一月十四日まで約四か月も続いた。シカゴ最大の紳士服メーカーを相手にしたもので、四万人が参加したと言われるストライキである。[*39] 一九一四年のレストランのウエイトレスのストでも移民仲間と共に、活動を展開した。このストライキ中「通りを歩いていた」だけで逮捕されることがあった。法的根拠のないこの逮捕にスターは市民の権利として法廷で戦う道を選び、シカゴ市民に訴えた。スターの広報活動によってシカゴの劣悪な労働状況は一挙にシカゴ市民の注目を集めることになった。[*40]

実は、このときのレジデンツの反応をうかがい知ることのできる記述を、アリス・ハミルトンが、いとこのアグネスに書き送って残している。

「クララがウエイトレスのストライキのことを伝えてきたの。ミス・スターがピケを張りながら、逮捕されるのを待ち望んでいるようだと言うのよ。スト中のスターほど手におえないものはないわ」と。[*41]皆でスターを見守り、いやむしろ見張りながら、迷惑そうな溜息が聞こえてくるようだ。

最後のストライキは一九一五年、これは一九一〇年の紳士服メーカーにおけるストの再燃であった。サミュエル・ゴンパースが、シドニー・ヒルマンの支援をしなかったことに、その敗因があったとされるストライキであった。[*42]ヒルマンは、スターの体を張った支援活動に感謝の言葉を送り、女性の支持を得て心強い、と書き送っている。[*43]しかし、労働者を無視した労働組合の対立がもたらした敗北に、スターの失望は大きかった。

直後にスターは、シカゴのアメリカ社会党に入党する。ハル・ハウスのある十九区の区長選挙に出馬するも落選。農業労働者の地位向上を求めたグレンジ運動に関わっていたスターの父は、驚くことなく、スターの労働運動を見守っていたという。[*44]スターが当時選挙に使った写真が残っている。控えめがちに手にしているのは、その半分しか見えないが、自身で製本した本である。

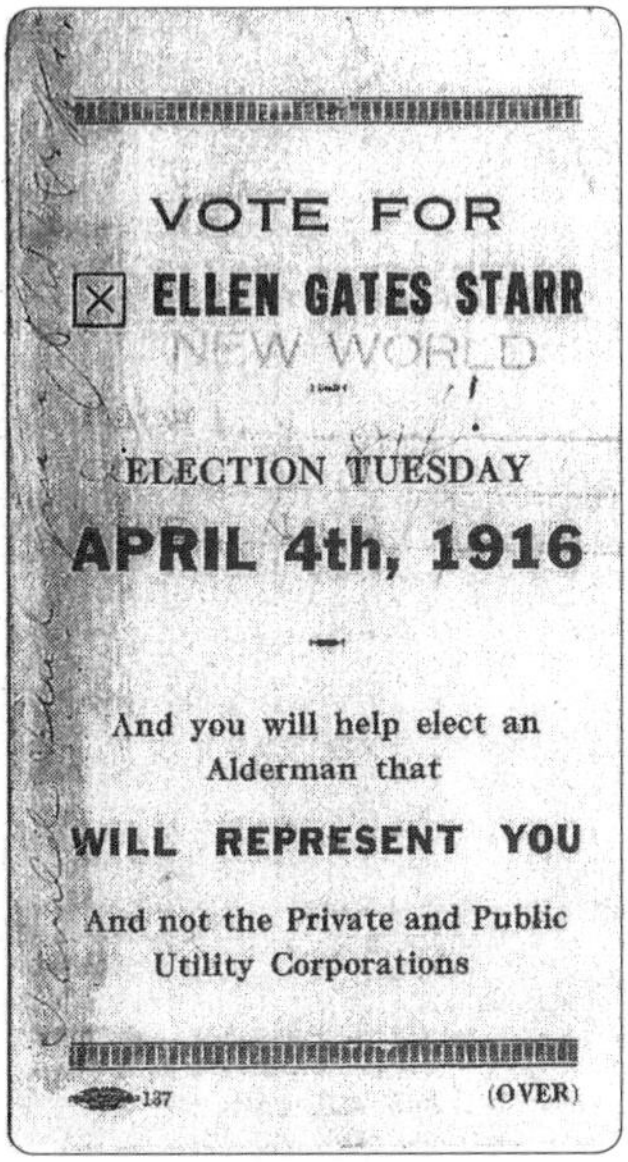
VOTE FOR

☒ ELLEN GATES STARR

ELECTION TUESDAY

APRIL 4th, 1916

And you will help elect an
Alderman that

WILL REPRESENT YOU

And not the Private and Public
Utility Corporations

137 (OVER)

スターへの投票を呼びかける手札サイズのキャンペーンカード（表と裏）

働くことと自由を求めることを製本作業に見出そうとした初期のスターの思いが表れている。

　そして一九二〇年、スターは、ついにハル・ハウスを後にする。その後一九二二年には、鉱山ストライキ関係者のシカゴ来訪を支援して、自宅に泊めている。スターは衰える肉体と闘いながら、労働条件の改善に挑む人々に手を差し伸べている。スターの最大限の支援であったろう。こうしたかたちでの労働運動への関わり方はハル・ハウスとは一線を画していた。アダムズが社会主義への傾倒を避けていたのは前述したとおりである。ハル・ハウスへの支援を必要とするアダムズが、スターのような表立ったストライキへの関わりを退けたことも、先に引用した当時のレジデンツの言葉に残る。[*45]

こうした中でスターが選び取っていったのは、一九二〇年のカトリック教会への改宗であった。アーツ・アンド・クラフツ運動に触発され、芸術と教育による社会改革、それを民主主義の基盤と定めて、歩み続けたスターが、ついには直接行動に訴えてまで実現したかった自由への希求。それらが、ことごとく拒まれ、支援を失った末の選択だったろうか。手がかりを求めて、スターが書いた告白書を読んでみよう。

3　改宗の決断

カトリック教徒への改宗の道をスターが選んだ過程は、改宗後三年たって書かれた『A Bypath into the Great Roadway（偉大な道へと続いた脇道）』（一九二四年）に刻まれている。[*46] そこにはスターが一六三四年に到着したマサチューセッツ、ディアーフィールドの清教徒（ピューリタン）の家系に連なること。祖父母の代で直接ウィリアム・チャニングからユニテリアンに改宗したことが書かれている。ユニテリアンは、キリスト教正統派の中心主義、三位一体説に反対の立場をとる。神の単一性を主張し、イエスは神でないという立場から、異端とみなされた宗派である。東部から中西部に移り住んだユニテリアンの父母からはなんら宗教教育を強要されずに育ったこと。そして、それを誇りにしていること、詩人であり、芸術家であった叔母エリザ・スター（一八二四－一九〇一年）の影響で、一八八四年、聖公会に通い始めたことが語られている。しかし、聖公会での体験もしばらくは印象に残らず、五～六年を無為に過ごしたという。

転機は労働者の声を聞くハンティングトン神父（ジェームズ・オティス・ハンティングトン、一八五四－一九三五）に出会い感銘を受けたことに始まる。貧富の差に目を向け、社会改革をめざすソーシャル・ゴスペルとよばれた「社会的福音運動」に期待を寄せたのだ。[*47]

移民・都市流入者を労働組合に取られ、信徒獲得に遅れをとったと揶揄される当時のプロテスタント教会である。教派同志の信徒の取り合いも背景に、それぞれの教派が改革志向の動きを見せる中、スターが所属していたシカゴの聖公会では、労働者の救済や社会の救済といった方向とは異なる、カトリック的なものが色濃く広がっていた。移民を背景に広がる社会不安から、豊かで保守的な人々のなかには、伝統的な儀礼主義やカトリックの審美形式に惹きつけられる人々がいたからである。中世に心惹かれる者にとって、一流の芸術作品も宗教的なコミュニティにしか表れ出ないものであった。

しかし前述したように、十九世紀、アメリカのカトリック教会はアイルランド系移民やイタリア系移民が集う教会であった。イギリスにルーツを持つ、豊かなプロテスタントの人々が足を踏み入れるところでは決してなかった。

その豊かなプロテスタントたちが集ったのが、聖公会だった。異教の貧しい移民の流入と当時のプロテスタント教会の混乱のなかで、イギリスへの絆と統一感を与える聖公会に惹かれていったという。荘厳で審美主義を誇る聖公会に走ることで、のちに脱宗教化を招いたと言われる現象である。アメリカの町々に建つ、典型的なプロテスタント教会といえば、白いペンキが塗られた木造教会が思い浮かぶだろうか。比べて、ゴシック建築の聖堂を多く持つ聖公会の荘厳な教会建築がある。前章、グレスナー邸の建築家、ヘンリー・リチャードソンが建築を依頼された教会建築の数々である。中世を醸し出すその審美形式に惹かれるのは、当時の上昇する都市プロテスタントの豊かさを象徴するとも説明されてきた。経済的に豊かになると、居住区を移り、所属教会を替わり、交際する人々を替えるのは、信教の自由を保証し、各教派が並び立つことを謳う教派主義のアメリカでは常に見られた現象である。[*48]

しかし、当時の裕福な人々が、移民たちの拡大を恐れて保守的な宗派に走る風潮からは、スターの聖公会への思い、さらにプロテスタントを離れてカトリックへの改宗に至った決断は説明できない。信仰をないがしろにする当時のその風潮こそが、スターには耐えられなかったからである。もちろん、カトリック教会の美しさに惹かれたわけではない。画一化され、模倣されたアメリカのゴシック教会建築の内装、流れる音楽に耐えてなお改宗したかったのだと、のちにスターは語っている。[*49]

スターのカトリック教会への想いが増したのは、一九一八年の夏であった。関わった労働運動への失望、さらに社会主義者に転じた直後であった。しかし、改宗にあたって、スターは一切それに触れない。積極的にカトリック信仰を選択する決断をしたいと、あえて一九一九年デトロイトの聖公会大会に出席して最後の確認をしようとする。スターは六十歳になっていた。「植林は老いた木では難しい」と改宗に消極的な人々の意見を退け、静かに改宗への想いを固めていく。[*50]決意を語る箇所は澱《よど》みない。統一も規律も権威もなく分裂と抗争を繰り返す当時のプロテスタント教会への不信と絶望を語る。そうした教会から離れることを自ら選び取ったとスターは言う。

その決断を「暗闇での跳躍（leap in the dark）」とスターは呼んだ。苦しみからの解放ではなく、まして望んだ安心や光明を見つけた体験ではなかったと。不安と迷いの中の苦悩の決断であった。さらなる闇と乾きの世界へ飛び込むようなものであったというのだ。「新しくさまよい人」になるという厳しい決断であったと語るのである。[*51]

しかし、それはやがて、見えないもの、想像もできないもの、代償も対価も求めない理解と安らぎ、友愛の世界への天にも昇る幸せを手にした瞬間であったと語る。スターがベネディクト会を訪ねる箇所はことに胸を打つ。扉を開けスターを迎え入れるその招きに無常の喜びを語るのである。[*52]

本来、スターはハル・ハウスをそのような場所にしたかったのではなかったか。扉を開けて異教の人々を招き入れるイメージのそれはハル・ハウスの存在を都市の混乱の中に位置づけてきたメッセージそのものである。この短い告白は、スターが関与したハル・ハウスには何一つ触れていない。十九世紀末の都市化と移民という社会問題にあれほど関わり、民主主義国家作りの基礎に芸術教育の実践を置き、さらに人間の尊厳を求めて労働運動に身を置き、激しい生活を送ってきたにもかかわらず、何一つ語っていない。年老いて、不自由になった肉体にもなんら言及していない。語らぬスターの思いを知る鍵はないものだろうか。

スターは晩年、ウィラ・キャザーの『大司教に死は訪れる』（一九二七年[*53]）を愛読した。アメリカ南西部、先住民プエブロの地、フランス、スペインの支配下からメキシコ領へ、さらにアメリカ領へと翻弄されたメサ・ヴェルデの地を舞台にした二人のフランス人神父の物語である。若き日に信仰に生きることを選択した二人の神父の壮絶な異郷、異教の地での体験が綴られている。病床にあったスターが、メサ・ヴェルデの地を訪ねようとさえしたという。[*54]

安易に関連付けることは許されないだろう。しかし、二人の神父の軌跡をアダムズとスター自身に重ねられないこともないだろう。どちらがどちらに対応しているとは言いがたい。しかし、神学校で育まれた二人の深い信頼と愛情、性格の違いから別れてなおそれぞれが信念を全うしていく姿は、どこかアダムズとスターを髣髴させる。知性と冷静さを体現している老神父と、もう一方は少年のように若き日の信仰を問い続ける無鉄砲な神父。同性愛をも思わせる老神父の庇護も彼の目に入らない。まっしぐらに目の前にいる人々への布教にひた走る彼は、晩年、身体が不自由となってもなお困難な布教を続けていく。そこで語られているのは、ヨーロッパ文明からの眼差しではなく、新しい大地、そこに暮らす人々に圧倒的に魅せられた神父たちの姿である。もはや異文化との共存・並置しか道が残されていない。しかし、それを知ってなお布教を続ける姿である。土地の燃えるような赤さが殉教者の血の色とまで描かれている。[*55]

筆者にはスターが書き残した改心体験、カトリック芸術、典礼を解説する文献を精査する知見はない。しかし、告白書でスターが綴った、非キリスト教化する世界で、頼りにならない教会、金持ちにだけおもねる聖公会の有様、ますますセクト化する教会への批判は、今後もスター理解のうえで吟味されていくべきものであろう。小説の主人公とはいえ、メサ・ヴェルデの二人の神父の姿を「殉教」とまで描いた布教の姿に心惹かれ、涙したスターには、十九世紀末のプロテスタント教会の姿は耐え難いものであったのだろう。そして、同じ状況下において、アダムズが選び取った方針、すなわち宣教の道を選ばず、宗教的権威をあくまで排除し、もはや異教との並置・並存を基盤に、寛大、寛容を掲げることこそキリスト者の使命と、選び取った姿と共に吟味されるべきことだろう。

アダムズを育て鍛えたハル・ハウスは、多文化、多様性に柔軟に対処し、受け入れていった場所である。宗教色を排除し、そのことを新しいアメリカ社会の根幹に据えた。多宗教、多文化を取り込み、多元であることが、アメリカのキリスト者の使命と目標を据え直した。そして、当時興った最新の社会科学的手法を駆使し、近代化のひずみと向き合い、アメリカの行く末に政策を提案しながら、希望を与えた場所であるとされる。アメリカが誇る研究者が集い、アメリカの未来を探り、その提案、その考え方は今日のアメリカの礎となった。

しかし、自らも創設に加わったその場所に背を向け、最後にスターが選んだのは、厳しく旧来の規律を守る世界であった。女性の人権のためにあれほど力を尽したスターが、その家父長的な権威主義を知ってなお選んだ世界は、十九世紀を生きた女性にとって埋められないものが、ハ

（表紙）

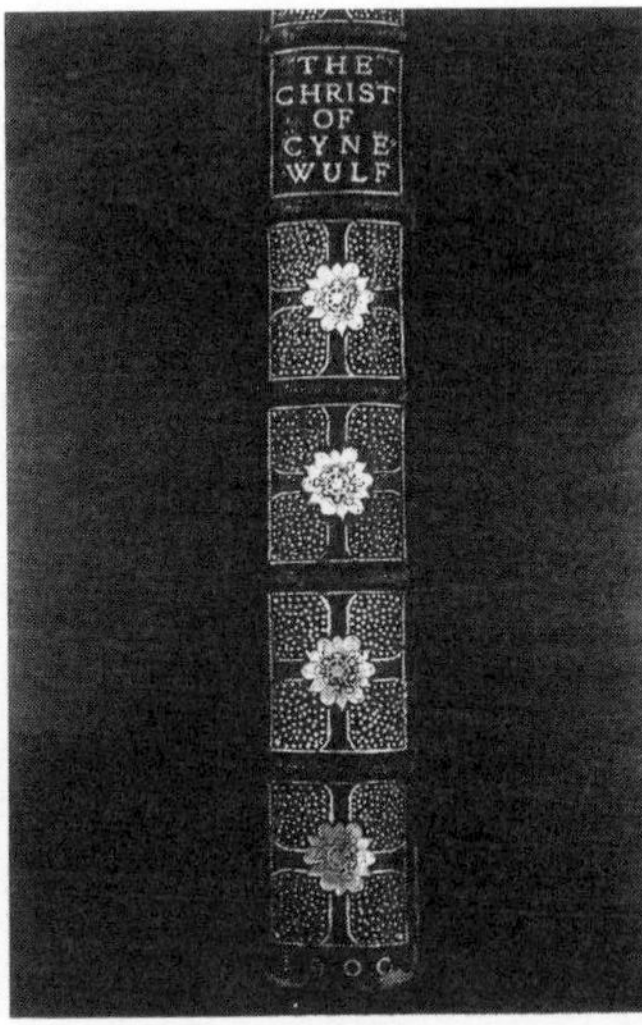

（背表紙）

スターの製本を飾った花々

ル・ハウスの世界観、宗教観、そして問題解決の方法にあったということであろう。拡大・変化するハル・ハウスの方針の折々に、真摯な選択を積み重ねていったスターが忘れ去られていった軌跡が、浮かびあがるだろう。それは、十九世紀を生きた女性にとって、キリスト教基盤の譲らぬ強さの証左であろう。

修道院で暮らした晩年、スターが描いた水彩画の花々が残っている。[*56] 製本を飾った小さな花々を思わせる。社会改革を望み、激動期を生きたスターの原点をひっそりと伝えている。

広がる貧富の格差は今日、アメリカで「第二次、ギルデッド・エイジ（金ぴか時代）」と言われている。[*57] 異文化、異教への対応も厳しく問われている。百年前に同じ問題に取り組んだハル・ハウスの活動家たちが見直されている。彼らの歩んだ道を振り返る時、ハル・ハウスに、せめぎあいの縮図があったことを忘れてはならないだろう。

しかし、アダムズの改革路線の中で退けられたスターの数々の思い、そしてスターが最後に下した決断を振り返ることは、近代化を進めた政治改革において中核を担ったセツルメントの境界を見ることでもあろう。スターの決断を脱落者とみなしてきた歴史は、アメリカに通底する揺るぎないキリスト教信仰の一つの姿を侮ることにもなるだろう。

神への信仰は岩石のように揺るぎないもの、変幻自在にかわる粘土であってはならないと、世俗化を促したアダムズに、のちに投げられた言葉は、キリスト教信仰の強固さを根底に持つアメリカの姿をみせている。移民恐怖におびえた十九世紀末の人々に潜むキリスト教信仰の不安、変わる世界とどう対峙していったのだろうか。スターが見せた拒絶であろうか、妥協であろうか、あるいは新しい活路を見い出せるのであろうか。激変する十九世紀末の状況に挑戦した二人のセツルメント関係者を次にみていこう。

第五章　ヴィーダ・ダットン・スカダーの「融合」

社会主義を拒絶するアメリカの深層

前章のエレン・ゲイツ・スターが、シカゴで労働組合運動に果敢にかかわっていた頃、東部のボストンでも一人の女性が十九世紀末の社会不安と不平等の解決を労働組合運動に見出そうとしていた。ウィーダ・ダットン・スカダーである。[*1]

ブロジェット邸の「クリスマス－タイム」で見た、夫人がにこやかにほほ笑んでいた敬虔さと従順さは、もはや女性たちの求めるものではなかった。家庭に留まるのではなく、外に出て、もっと行動することを求めたのである。

ウィーダ・ダットン・スカダー世代の活動を見ていくと、アメリカの白人中産階級の恵まれた女性たちが、二十世紀初頭に手にした社会への、そして世界への開かれた視野を感じさせてくれる。彼女らの行動的な挑戦の数々は、同時に楽観的な側面も漂わせている。十九世紀末のアメリカの資本主義の発展は、貧富の格差を生み出しながらも、抗いがたい膨張への期待を内包していた。

二十世紀初頭に『ライフ』（一九〇五年三月）の表紙を飾ったのは、まさに女性の顔に見立てた世界地図だった。イメージされたのは、世界中に足を運ぶことが可能になった、行動する新しい女性たちだろう。アフリカやアジアが髪型に、マダガスカル島はイヤリングとなって描かれてい

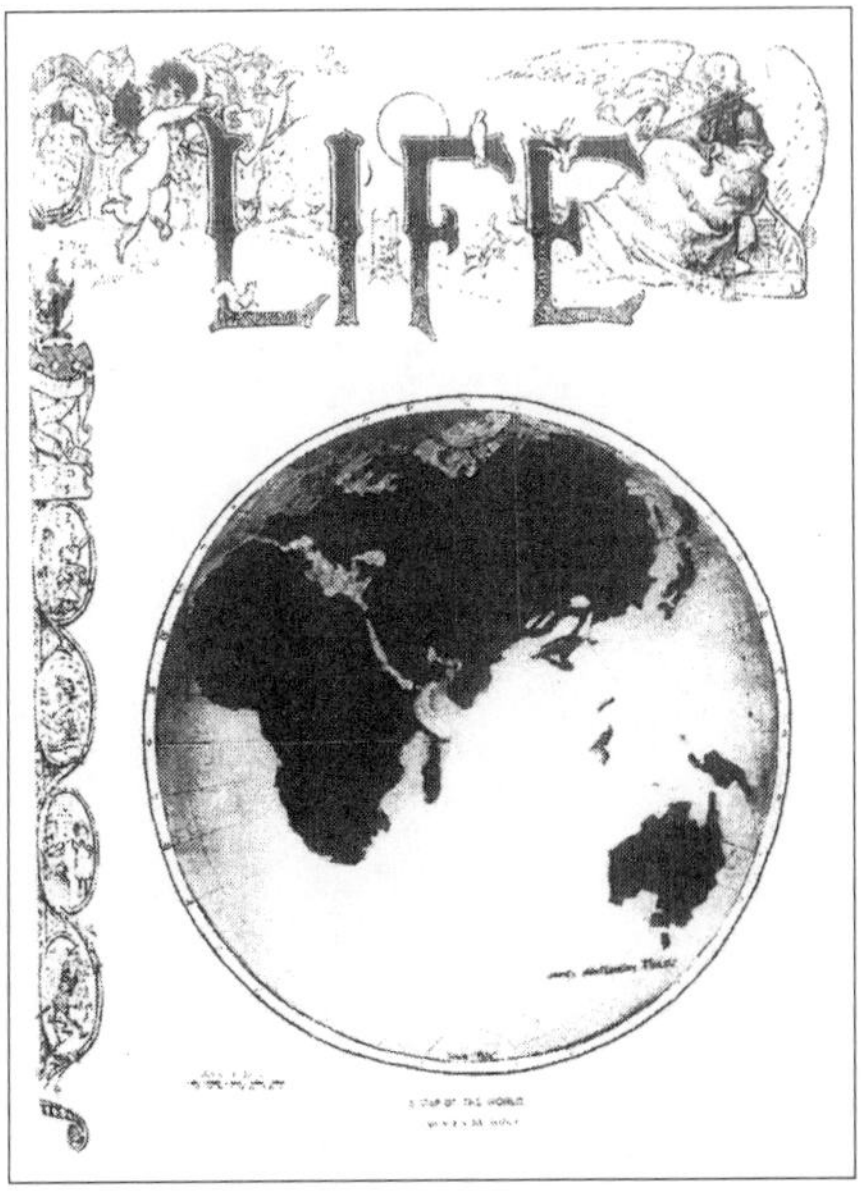

女性の顔をした世界地図

る。日本はほつれた前髪のようになんとも宙ぶらりんだ。この世界地図からは、女性たちも誘惑されたアメリカの拡大と女性たちの影響力が感じられる。宣教師、教師として、あるいは、看護師、公衆衛生関係者として、またジャーナリストとして世界を目指した女性たちのソフト・パワーである。海外に派遣された軍人の妻たちも世界地図の黒塗りの髪型のなかに加わっていたことだろう。

実はこのイラストの作者は、「君を求ム」と指をさして若者に入隊を誘う、誰もが一度は目にしたことがあるアンクル・サムの戦時ポスターの作者ジェームズ・モントゴメリー・フラッグである。戦時ポスターの作者は、実は膨張に無縁ではなかった当時の女性たちの世界進出も描き出していた。[*2]

こうしたアメリカの視野の広がり、膨張する高揚感を象徴するのが、スカダーの尊敬する先輩であり、スカダーもその思いを共有した大学の同僚キャサリーン・ベイツの作った歌だった。移民の国アメリカでは、皆が口ずさむことのできる共通の歌がない。アメリカにとって初めての「ふるさと」の歌が、南北戦争後の北部勝利を背景に生まれた歌だった。「美しきアメリカ」（一八九三年）という。今日まで歌い継がれる国歌と並び称される歌である。アメリカ東部の建国の地から大地に広がるアメリカの膨張とその先を高らかに歌い上げる。

抗いがたいアメリカの資本主義拡大の中で、その弊害を目撃しながら、女性たちはどのような声を上げたのだろう。前章のスター、次章のアダムズとともに、スカダーを通して、この時期の女性たちの軌跡をみていきたい。

社会に飛び出す自由を得たことは、新しく出会う思想、初めて出会う人々と対峙することであった。前章のスターの最後の決断と比べてみよう。スター、スカダーそしてアダムズ、三者三様、南北戦争後の新しい国家の到来に警鐘を鳴らし、軌跡を残した女性たちである。

1　大学教育

ヴィーダ・ダットン・スカダーは、インドでアメリカ宣教師一家に生をうけ、その後、母国のマサチューセッツ州に帰り、ウェルズリー大学で女子教育に携わりながら、当時の女性に開かれた可能性に挑戦し続けた。彼女も今では忘れられた女性の一人である。

ヴィーダ・ダットン・スカダー

ウェルズリー大学は、ヒラリー・クリントンを輩出したエリート女子大学である。保守的な気風で知られ、卒業式でヒラリーが社会に目を向ける果敢な若者の使命感を語った答辞は大学関係者を驚かせたが、アメリカ中に話題を呼び、後の政治家ヒラリー誕生のきっかけにもなった。思いがけない人材を育む土壌はスカダーの時代から変わらなかったようだ。

歴史の中に埋もれていたスカダーが表舞台に出たのは、スカダーが大学教育を受けた第一世代の一人であったことによる。ボストンの改革史をまとめたアーサー・マンは、スカダーのセツルメント活動をシカゴのジェーン・アダムズと双璧とまで位置づけた。[*3] しかし、一九六〇年代以降の女性史研究のなかで、スカダーは忘れ去られた。ジェーン・アダムズらが築きあげた、母子福祉を優先した政治力獲得のネットワーク、さらには、平和主義の活動から、スカダーは外れていたからである。

一方、スカダーを神学面から再評価しようとしたのが、エリザベス・L・ヒンソン－ヘイスティやスカダーの唯一の伝記を書いたテレサ・コーコランの研究であった。[*4] より神学研究に重点を置いたスカダー研究は、それまで男性中心で語られてきた社会的福音運動（以下ソーシャル・ゴスペル）を見直す方向へと進んだ。

ソーシャル・ゴスペルとは、個人の救済を目的とした教会の役割を、社会全体の救済へと転換をはかった十九世紀末のキリスト教の改革運動である。前章でも述べた、革新主義運動の一翼を担ったとされる。女性の社会的福音運動家と聞いて、人々が思い浮かべるのは、社会悪をもたらす飲酒習慣をまず改めようと、禁酒運動から社会改革を推し進めたフランシス・ウィラードだろうか。酒樽を斧で割って歩いた、勇ましくも、半ば狂信的な改革者のイメージで語られることも多かった。女性宗教家への偏見と言ってもいいものだろう。

しかし、スカダーへの注目は、既成の教会で進められた教会改革に、女性指導者の存在を見出すことになったのである。イギリス発の社会主義の動向をいち早く取り入れた聖公会の立場から、ソーシャル・ゴスペルの活動を、スカダーにみたのが、ピーター・J・フレデリックやバーナード・K・マークウェルであった。ところが、神学研究の側面や教会活動への注目は、聖公会という狭い範囲内での影響力に終始し、多方面への展開や今日的意義が見えてこない。[*5]

一方、広く近代の挑戦に応じた思想家研究において、スカダーにも言及したのが、T・J・ジャクソン・リアーズであった。近代の到来に揺さぶられ、思考においてこそ対抗の可能性があると見抜いた一人がスカダーであると結論している。核心をついてはいるものの、中世への憧れを増大し、過去に逃避、退却することで、この激動の時期をやり過ごした人物として切り捨てられている。[*6]

たしかに多方面にスカダーの研究は進んでいる。しかし、退却の人物に終わらせてよいものだろうか。この大変革期に、スカダーが問題の一つひとつにどう対峙し、選択し、何を切り捨てていったか、その過程が見えてこないのは問題である。社会科学や社会主義の到来とキリスト教の伝統がせめぎ合う中、スカダーの言葉を借りれば、「社会主義とキリスト教の融合」[*7]がなぜ必要だったのか、そしてどのようにそれをめざしたのだろうか。

スカダーと同僚のセツルメントの活動家たちの実績は、ハル・ハウスでもそうであったように、彼女らが法整備に関わったことなどからも、その成果が見えやすい。しかし、十九世紀末の社会改革に伴う、内面的な葛藤は語られてこなかった。スカダーに例をとれば、スカダーが「融合」を望んだのは、社会主義思想とキリスト教の融合である。簡単には一つになるとは思えないものを一つにしようとすることだった。困難が伴わないはずはない。

　ここではスカダーの社会主義思想の受容と変容を追うことで、アメリカ化の過程が見えてくることに着目したいと思う。最晩年まで教会の役割を説き続けたキリスト者としてのスカダーの使命の貫き方を見ることで、新しい思想をアメリカの伝統に繋ごうとする姿が見えてくる。それはまず、社会主義思想の到来を、来るべき未来への一段階、つまり思考の訓練の場と捉えることだった。社会主義が掲げる国家の一体感、平等を謳う新しい政治体制の可能性は、十九世紀のアメリカ社会に希望をもたらす思想であった。目指す社会へ誘導する力として、人々に共有されなければならなかった。

　しかし、スカダーは社会主義が謳う社会システムとしての社会主義国家を目指したのではない。常に理想となる社会を求め続ける姿勢をキリスト教の人格教育のなかに見出していったのである。それは、結果的に社会主義を飲み込み、きわめてアメリカ的な道をとることになる。

　スカダーはよくこう言った。「私の居場所は中世かユートピアである」と。[*8] この発言はアメリカに居場所が見つからなかった苦悩を表現している。そしてたどりついたのが、「社会主義」と

「キリスト教」の融合が教える、「理想とする社会を求め続けよ」という志を持つ、意志の共同体である。しかし、彼女の求めて挑戦し続けるという姿勢は、精神の果敢さを謳う当時のアメリカの風潮と轍をひとつにしていくのである。ローズヴェルト大統領の標語、個々人に「奮闘的生活」を推奨した姿が頭をよぎる。「ユートピアとは、膨張主義の世界観であるときこそ現れる」とスカダー自らが語るように、拡大する当時のアメリカがあってこその、姿勢であったからである。スカダーの意義は、多くの研究者の語る、その後ろ向きの姿勢ではなく、理想とする平等社会をもとめて挑戦し続けるその前向きの姿勢にこそあるのである。[*9]

スカダーのいわば同志作りの最初は学生たち相手であった。イギリスの社会主義思想を若者たちに紹介し、問題意識を共有する講義に心血を注いだ。学生をあおる授業であるとまで批判され、一時期、講義を止められる体験をした。[*10]

次は赤裸々に自分をさらけ出して自分探しの経過を語った自伝であった。書くことは、説教壇から排除されていた女性の武器となって、読む人々を覚醒する熱意をうかがわせている。[*11]

最後は宗教関係者に宛てた研究書を世に問うことだった。それは社会主義とキリスト教の融合を追い求めた著作の数々であり、教会における社会主義思想の啓蒙に関わり続けた姿であった。そこには、聖フランチェスコ修道会の働きを理想とみなすスカダーの意が秘められていた。小さな、無欲である共同体に希望を見出したのである。[*12] それは、自らに問うた、自分の居場所は中世か、ユートピアか、という問いの結論であった。中世の理想集団の精神を、目指すユートピア実現のために、今、甦らせることであった。混乱する十九世紀末のアメリカ社会に発信していくことに、自分の居場所を見出したのであった。

スカダー理解のために、ここで彼女の生い立ちを見ていこう。スカダーはボストンの会衆派牧師であった父がインドでの布教中に生まれた。地域に根差した熱心な活動を展開していたという。

会衆派は、ボストン地域にイギリスから逃れて入植した清教徒の流れをくむ。その入植地、のちにマサチューセッツ州となるその州の呼び名は、マサチューセッツ共同体（コモンウェルス・オブ・マサチューセッツ）という。他の州ならば、マサチューセッツ州（ステート・オブ・マサチューセッツ）というところを、今日に至るまで、入植当時の宗教共同体を誇ってその名に残す。

しかしその地から、遠くインドまで布教に足を運んだ父親は、スカダーが生後わずか二か月だった頃、河で水死した。失意の母は赤子を抱いて、母国アメリカ、マサチューセッツに帰国した。母方の豊かな資金援助を受け、スカダーは幼少期からヨーロッパを旅した。ヨーロッパでの生活を堪能し、後ろ髪を引かれる思いで帰国したスカダーの心情は、入学したスミス大学の学生時代に執筆した学生生活を舞台にした脚本から伺い知ることができる。その中で、主人公の、アメリカに留学した日本人留学生ミツに思いを語らせているのだ。何不自由なく、異国の地で学ぶミツは、親の言いつけで泣く泣く帰国することになる。新しい思想、自由を謳歌する環境ののちに、文化的に劣る環境に戻る恐怖と絶望を語っているのである。しかし脚本の最後は、主人公のミツが、後進国日本の婦女子の地位向上を目指す決意を語るところで終わっている。ミツを通して、先進国で恵まれた大学生活を経験し、学んだことを生かす使命に身を投じる彼女の決意の尊さが語られている。恵まれた教育を受けた者の使命観の吐露は、大学教育を受けた豊かな第一世代に共通するものであったろう。[*13]

スカダーは、スミス大学卒業後、再びイギリスに渡り、オックスフォード大学で学ぶ。そこで、出会ったのが、最晩年を迎えていたジョン・ラスキンの講義であった。[*14] たちまち感化され、彼らの社会主義を標榜するようになる。

ラスキンは今日美術評論家として語られることが多い。J・M・W・ターナーや中世絵画に豊かさを見出したラファエル前派と呼ばれるダンテ・ガブリエル・ロセッティやジョン・エヴァレット・ミレイを擁護したことなどがその例である。ラスキンが、十九世紀末の産業社会の批評家の巨人の一人であり、多方面に多大な影響を与えたことは忘れられている。たとえば、ラスキンの芸術を核とする世界観から、社会主義思想を構築していったウィリアム・モリスの社会主義思想も、アメリカでは壁紙装飾の世界になってしまっていた。だが、当時、オックスフォード大学における政治、教会批判の精神的支柱であったのは、明らかにラスキンだった。

当時のイギリスにおける社会主義思想は、社会改革の最前線を担っていた。オックスフォードの学生たちが関わっていたセツルメント施設「トインビー・ホール」をスカダーも訪ね、改革を机上のものとせず、実践と結びついていく活動に惹かれた。トインビー・ホールは、前章のスタ

トインビー・ホール（ロンドンのイースト・エンド地区）

ーや次章のアダムズと同様に、スカダーも、アメリカにおいてその創設者の一人となるセツルメント活動の原点となった。[*15]

帰国後、スカダーはウェルズレー大学で教師の職を得る。新米教員であった当初、講義ノートづくりに没頭した。女子教育を担う責任を語る真摯なその姿は、今日でも教職に就くものを感動させる。今日教育現場で推奨されている「アクティブ・ラーニング」を思わせる。学生の思考を発展させる指導法を試みている。各自が恐れず自身の考えを語り、行動する力を養うことを目的とした。独りよがりではいけない。周りとコミュニケーションをとりながら、新しい思想が立ち上がる瞬間を期待した。授業は討論を中心にすすめられ、思いがけない展開を望む姿勢は、「グループ思考の芸術となる授業を目指す」といった表現にも表れている。そうした授業となることを期待して、「授業前に緊張しない教員はその資格がない」とまで言っている。[16] 試行錯誤のなかでまとめた講義録が『イギリス作家の社会思想』(一八九八年)だった。社会への関心へと視野を広げていく作家たちの系譜を学生たちに語る講義であった。

貧しい者への眼差しを持つと評価したトマス・モアから始まり、ジョナサン・スウィフトを経て、チャールズ・ディケンズ、T・S・エリオット、チャールズ・キングスレーへと続く。ことに力を入れたのは、一八三〇年代から九〇年代、野放しの資本主義社会を批判した思想家たちであった。道徳的批判を展開するトマス・カーライル、審美的批判を展開するジョン・ラスキン、そして知的な議論へと構築したと評価するマシュー・アーノルドらであった。[17]

スカダーにとって、イギリスは重要な位置を占めていた。アメリカ東海岸のボストンの知識人家庭で育ち、おじにあたるホレース・スカダーが『アトランティク・マンスリー』の編集者であったことからも、おじ同様、十九世紀末の思想界での重責がスカダーにのしかかっていたことだろう。

アメリカが学ぶべき思想において、ページを割いているのは、ラスキンの国家的、道徳的自己犠牲、シンプルな生活、慎しみ深い消費を謳う姿勢である。牧師や兵士に期待される犠牲と献身をなぜ産業階級層に課せられないのか。当時の産業家批判が展開されている。またアーノルドの富の分配に関する箇所を取り上げ、社会主義国家へと導くその姿勢を高く評価した。自己犠牲やシンプルな生き方への憧れ、思想家への信頼、リーダーシップ像の模索、富の分配への関心は後のスカダーに引き継がれている。しかし、カーライルの持つ権威主義の容認、ラスキンの家父長制、および前近代社会への傾倒、アーノルドの民主主義への隠れた恐れを喝破し、批判の矛先を向けてもいる。そして彼らの診断は評価するが処方箋がないとし、実現に向けて行動できないと断罪した。[18]

作家や思想家の使命は民衆と共に歩み、行動することであると、スカダーは文学者・思想家の理想像を教壇から訴えていた。のちに彼女が労働ストライキを支援し、その進退を問われた時、学生を煽る授業として、大学当局から禁止されたのがこの授業であった。[19]

当然のことながら、教壇から実践の意義を語るスカダーの次の行動は、自らが外の活動に飛び込むことであった。[20]

2　セツルメント

教員としての知的関心と使命感は講義を通して満たされたものの、スカダーの現実感の喪失、生きている証への渇望はオックフォード時代から続いていた。十九世紀を通して語られる、中産階級の白人女性たちの無力感は、それをばねに婦人クラブなどのネットワークを造り上げていく、女性史ではハイライトとなるこの時代の背景である。スカダーも同じ意識、関心を持つ女性たちと、自らイギリスで体験したセツルメントをアメリカに創設することで、悶々とした実感のなさを払いのけようとした。[*21]

それは、一八八九年、スミス、ウェルズレー、ラドクリフ、バッサー、ブリンマーなどの女子大学の卒業生が、ニューヨークの貧しい移民居住区に開設した「カレッジ・セツルメント」に結実した。スカダーはボストン支部となる「デニソン・ハウス」創設のために、大学を休職して尽力し、その後二十年の長きに渡り関わり続けた。[*22]

彼女がセツルメント創設に関わり、社会主義を標榜する団体に接近し、さらに労働組合員と交流していることは、すでに大学でも問題となっていた。それが顕在化したのは、大学が企業倫理を問うこともなく、スタンダード石油会社のロックフェラーから資金援助を受けた時のことだった。スカダーが、大学は汚れた資金を受け取ったと批判したために、理事長や教員仲間から進退が問われたのである。一九〇〇年のことである。[*23]

大学でのスカダーの立場を知るには、彼女が後に語った、セツルメントの友人を大学に講演者として呼んだ折のエピソードにも見られる。たとえば、デニソン・ハウスで知り合った、ケニー・オサリバンの夫、ジャック・オサリバンを大学に呼んで、講演会を催したときのことだ。ケニー・オサリバンはシカゴのセツルメント、「ハル・ハウス」で労働運動の中心的役割を担っていたが、結婚を機にボストンに移り、夫と共に、活動を展開していた。階級を越えた女性労働者支援の運動を展開した婦人労働組合同盟（ＷＴＵＬ）を率いる中心的人物の一人である。デニソン・ハウスでは、ケニーの子供を預かり、ケニーが組合活動に専心できるように支援した。その中心がスカダーだったのである。

アメリカ労働総同盟の支部長であったジャック・オサリバンは、教員組合の創設を提案し、傍観者ではなく、当事者となることを勧めて、労働運動への支援を求めた。しかし一部の教員を激怒させる結果となり、他の教員たちの反応も冷ややかだった。労働者との連帯感をうわべだけ味わいたい教員ばかりであった、と後にスカダーはオサリバン来訪時を自伝で述懐している。[*24]もっとも、ケニーら労働運動側も、階級意識のない白人中産階級との連帯が疑問視されていく中にあったことも重要であろう。[*25]

しかし、あれほどの意気込みで教職についたものの、大学での居場所のなさに精神的に追い込まれていたスカダーにとって、精神療法となったのが自伝的小説、『バベルの聞き手』（一九〇三年）の執筆であった。[*26] 会話形式で進行する場面展開は、まるで演劇部の脚本のようである。ヒルダという、スカダー自身がモデルの主人公の成長を追って、出会いが語られ、それが転機を呼ぶ。社会的責任に覚醒する新しい自分が語られていく。[*27] まずは大学環境への失望と、大学教員たちの諦観、無気力さ、彼らへの絶望から始まる。知性の停滞が、新しい時代のアメリカ民主主義作りを阻むものとして、鋭く非難している。知的指導者になれない大学教授たちへの批判は、のちに関心が教会主導の社会改革へと向うことを暗示している。[*28]

労働組合の仲間たちへの批判も続く。未熟練労働者を拒む白人男性組合員たちの偏見を非難している。未熟練労働者の大半が移民だったからである。保身に走る組合の指導者が、主人公ヒルダの批判のターゲットであった。大学と同様、事なかれ主義の集団として、苛立ちと失望を露にしている。[*29]

次のターゲットは既成の教会であった。ここでも、社会の底辺層への無関心、異教徒の移民労働者たちへの理解不足を厳しく糾弾している。しかし、移民と寄り添う例外的な人物が一人登場している。のちに伝記を執筆することになる、移民街で活動するソーシャル・ゴスペルの代表的神父、ファーザー・（O・T・S）ハンティングトンを思わせる人物である。失望や憤りを繰り返すなかで得られた社会への覚醒と使命を語って、主人公ヒルダは改革を求め続ける覚悟で自伝

ローレンスのストライキ（アメリカ国旗を押し立て抵抗する移民労働者たち）

は終わる。[*30]

その後の、スカダーの選択は、デニソン・ハウスを退き、社会党に入党することだった。一九一一年のことである。革新主義と呼ばれた改革運動の最盛期、社会主義への寛大な世論も後押ししていたことだろう。社会党は、一九一七年のロシア革命をめぐって党が分裂するまで、支持者を集めた。

一九一二年には、ユージン・デブスが大統領候補に出馬し、全国から六パーセントの投票率を獲得するほどの勢いだったのだ。そしてその年、スカダーが関わったのが、人間らしい生活と尊厳を要求する、「パンとバラ」のストライキと呼ばれた、世界産業労働者組合（ＩＷＷ）主導のマサチューセッツ、ローレンスのストライキだった。

ストライキは成功に終わるが、スカダーが行ったストライキ支援の演説は、現役女性大学教員のストライキ支援として新聞を賑わすこととなり、大学でのスカダー降ろしに拍車をかけた。

繊維産業を長年牽引してきたローレンスの繊維工業ストライキは、移民労働の環境悪化を如実にあらわすもので、労働時間の短縮を受け入れた企業主が、露骨な給料カットで対応したことに端を発している。支援の輪が広がり、労働者の子供たちを支援者が預かるなど、いまだかつてない展開を見せたことでも知られる。スカダーは、「法の遵守、非暴力、民主主義の自由を求める思想」を謳ったものだったと、ストライキの穏健さと正当性を強調して、のちに自身の行為を振り返っている。[*31]

スカダーは、教会が労働組合を支援することを強く求めたことでも知られている。労働者に当時の教会関係者の共感があることを、自身のかかわりを通して知らせたかった。社会主義思想とキリスト教の融合を自身の応援演説という行動で見せようとしたのだ。しかし、教会からの表立った支持は得

THIEF!
The worst thief is he who steals the playtime of children.
W D HAYWOOD.

児童労働の現状を訴えるポスター（資本家は子供たちの時間を搾取する泥棒と糾弾している）スカダーは「子供たちの犠牲のうえに織られた布に、私は生涯腕を通すことはできません」と訴えた。

られなかった。そして大学からは解雇通告が出された。大学理事の一人であった母方のおじ、E・P・ダットンの介入で解雇を免れたものの、その代償は、先に述べた学生を煽ると非難された社会改革思想をテーマにした授業の閉講であった。[*32]

教壇を奪われ、精神的に追い込まれていた彼女のこの時期の支えが、当時の新しい教会の動向であった。すでに父方の清教徒（ピューリタン）であった会衆派の伝統からは離れ、母方の聖公会のもとでの信仰生活だったスカダーは、ボストンにおける聖公会のソーシャル・ゴスペルの指導者W・D・P・ブリスに惹かれていった。

3　教会改革と理想社会

スカダーはセツルメント活動を通して多くの団体に加わっていたが、なかでもその精神的な支柱は、聖十字友の会（コンパニオン・オブ・ホーリー・クロス）であった。

ソーシャル・ゴスペルは、十九世紀末の社会変化を受けて、改革の時代といわれる革新主義運動の一翼として語られることも多い。異民族、異宗教の到来に背を向け、教会改革を拒む保守的な教会を飛び出して独自の運動を繰り広げ、改革を後押ししたと評価される。代表としてあげられるのが会衆派牧師のワシントン・グラデン、バプティスト派の牧師であったウォルター・ラウシェンブッシュ、プロテスタントの運動とみなされがちだが、カトリックにおける運動を代表する、ジョン・A・ライアン、聖公会では、スカダーの寄った、W・D・P・ブリスであった。ブリスはスカダー同様、会衆派に属していたが、教派主義で争う当時の教会を離れ、より統一を強調する聖公会に移っていた。[*33]

聖十字友の会は聖公会での女性支部であり、大学やセツルメントとは異なる世界観を形作る場をスカダーに与えた。変革期における教会への信頼は、のちに彼女が著した聖人の伝記に結実した。聖十字友の会での欠かさぬ祈りの中で、迷いを鎮め、個人主義を戒め、自己犠牲や無償の慈愛に惹かれるスカダーの姿を見せている。社会の混乱期にどのような方法で改革を進めるべきか、社会構造の変化を一方で模索しながら、聖職者のリーダーシップを切望する彼女の姿がそこにある。[*34]

聖人像に惹かれるスカダーの姿は、ヨーロッパでの体験を背景に、初期の頃からみられた。最初の自伝的小説の執筆時に、ほぼ同時進行で進められていたのが、イタリアのシエナの聖カテリーナの研究であった。彼女をマルチン・ルターにも匹敵する人物として取り上げ、一九〇五年に書簡集を編集し、解説を施した。恐れず、腐敗を許さぬ、殉教に至るその姿は、若いスカダーを魅了した。聖カテリーナが救いを得る過程をまるで自らの体験のように解説し、覚醒体験の重要性を訴えている。さらに、母性や女性性ではなく、知性の勝利として、聖カテリーナを解説した。書簡集では、失敗を恐れず、諦めずに戦い続けることを語り、相談者の恐れを払拭する姿に焦点が当てられた。たとえ成し遂げられなくても、失敗は神への犠牲の証とみなす思想が顕著であるとスカダーの解説を評したマークウェルは結論している。スカダーの背負ってきたもの、出自の重み、使命感から来る焦り、挫折体験のすべてを軽減させたのが聖カテリーナ研究であったことが伺える。[*35]

さらに、スカダーが、退職後、長年の思いを形にしたのが、聖フランチェスコ修道会の研究だった。聖フランチェスコ像ではなく、どのように修道会は護られ、かつ崩壊していったかを探ろうとした。そこに、修道会の今日的な意義を見つけ出そうとした。そこには、社会に覚醒した、無欲な共同体、無償の愛を注ぎ続ける共同体への憧れがあった。修道会が直面した困難と同様の時代だからこそ修道会の足跡から学ぼうとしたのである。

その核心は富の所有が手放せない現実社会との格闘であった。オックスフォード時代にラスキンに出会って以来続く、自己犠牲への憧れは、ここにおいてさらに明確となり、社会を変える根源が、聖職者の自己犠牲に倣うかたちへと結実していくのを見せている。殉教への思いは、前章のエレン・ゲイツ・スターの晩年を思い出させる。今日を生きる者には、計り知れない、この時代の女性たちが共有する精神世界を垣間見せている。[*36]

聖フランチェスコ修道会への関心は、スカダーがことあるごとに自分に課された時代の使命として掲げてきた「社会主義とキリスト教の融合」を求めた結果、立ち現れた理想の集団として理解することができる。社会党に入党し、社会主義の掲げる平等社会の未来に希望を見出す一方、自らを支えてきたキリスト教信仰との融合を突き詰めていた時期に書かれた『社会主義と人格』（一九一二年）は、すでにスカダーの結論を予測させている。そこで語った、理想的な社会主義社会とそれを支える個人の人格の覚醒が、この集団の根底にあるからである。

社会全体を視野に入れ、よりよい社会をめざして、社会を変革しようとするその姿勢こそが、社会主義から学ぶべきものであった。そのためには、それを支える人格的に覚醒した集団がなければならない。覚醒した人格の取る富の放棄の実践こそが、社会の根底に確認されねばならない。

スカダーのいう「融合」とは、そのような形をいうのであった。
しかし、スカダーは社会主義の実現には走らなかった。反マルクス主義であったとさえ多くの研究者が語っている。プロレタリアートだけが担う社会改革はあり得ないからであった。資本家も労働者も全員が関わる変革でなくてはならないのであった。社会主義思想の根幹が、富の分配がもたらす不安のない世界ならば、それは目指すに値する世界観である。しかし、金銭的な平等社会は、必ずしも高潔さを保証しない。そこでは自己犠牲や富の放棄、清貧を尊ぶ人格の覚醒、人格の形成こそが立ち現われなければならない。キリスト教の神は、個人により良い社会を生み出す力、秘めたる可能性を与えているのだ。それを確認することが、スカダーの言う「融合」が意味する社会主義の精神化、キリスト教の社会化であった。それこそがアメリカが学ぶべきものであった。スカダーが社会主義国家を捨て去った瞬間であった。アメリカを確固としたキリスト教国へと導く決意であった。[*37]
さらに現実世界での実践例として、スカダーはハンティングトン神父の業績を取り上げた。中世の修道会をアメリカで蘇らせ、しかも、ローマに頼らず、アメリカへの愛国心を貫いた人物として高く評価した。労働運動の支援、児童労働への反対運動、テナメントと呼ばれた劣悪な移民居住環境改善運動など、ハンティングトン神父の実践力への評価も高い。また同じニューイングランドの血を引き、清教徒（ピューリタン）からユニテリアンへの改宗、さらには、修道会の創設に及んだハンティングトン神父の遍歴も、スカダーに似たものがある。社会主義を特権の廃止と読み替え、キリスト者としての改革運動を進めることも、スカダーにとって同志であった。

この人物伝でスカダーがページを割いたのは、聖フランチェスコ修道会でも中心をなす、修道会における「貧困の誓い」であった。ボランティア貧困と呼ぶその姿勢の実現の困難さをここでも確認しながら、しかしあくまで富の放棄、清貧こそが、近代の到来に対抗できる、来るべき社会の根底に据えるべき思想であると、スカダーは揺るがなかった。[*38]

アメリカ社会の根底を揺るがしかねない主張を試みていたにもかかわらず、その一方、スカダーのアメリカ礼賛を伝える箇所がある。それは、ハンティングトンの修道会の運営が自由であると讃えたたところだ。それが自律に基づくもので、決して修道会が全体主義的ではないと言及している。

そして、のちにアメリカの国歌とも並んで歌われる「美しきアメリカ」の歌詞を引用し、ハンティングトン神父が、そこで謳われるアメリカの伝統的自由を重んじた価値観のうえに修道会活動を展開したと結んでいる。決して強要されない、自律の中にある自由こそがアメリカの讃える自由であることを、ハンティングトンの人物像を通して確認し、強調するスカダーである。最終的には個人の魂の導き手としての道を選んだとハンティングトンを評価し、そして個人の覚醒こそが社会が変わる源流を作り出すとその活動を評価した。ここでも社会構造の変革を求めて始まった模索が、個人の自己変革、自己犠牲への奨励になっている。[*39]

最後に、避けて通れないスカダーに言及しなければならない。社会構造の改革から逃避し、個人の人格形成による理想社会の到来へと、社会主義の精神化、キリスト教の社会化という「融合」を導き出しながらも、小骨のようにスカダーの著作に刺さり続けているのは、社会主義思想の根幹でもあった土地分有の実現である。単なる土地の分有は、高潔な道徳的な社会の保証にはならない。それにはまず教会が率先して取り組むべき問題ではないか。

スカダーの教会の土地所有放棄の思想は、晩年になってより明確になった。八十歳を越える高齢で書かれた文書は、「聖公会の考える教会の土地所有」と題され、『キリスト教と富』（一九四七年）に収められている。聖公会からスカダーに献辞されていることから、聖公会がその功績を評価した姿勢をみせていると同時に、スカダーがこの高齢まで持ち続けた教会主導による改革への強い期待が感じられる。第一次大戦の到来とともに、勢いを失ったとされるソーシャル・ゴスペル運動がこうして女性指導者を通して、語りつがれていたのであった。[*40]

この著作においても、教会が慈善活動でやり過ごし、本質的な問題をないがしろにしてきた姿勢を取り上げ、貧しい移民労働者を見捨て、彼らの労働運動を静観する姿勢への批判が続く。そして、教会が担うべき根本とは、貧しい者、弱き者たちへの責任であり、神の国への実現に立ち返れというものだった。そのためにも教会主導での土地所有の放棄、土地活用を進めようというものであった。

出版された一九四七年という東西冷戦の初期、これまでもそうであったが、この時期においてもスカダーは政治力は放棄し、教会こそが社会構造の変化を希求すべきだと言う。アメリカ社会に暗雲を漂わせる冷戦情況にはまったく言及がない。むしろそうした時代だからこそ、戦争も国家も世界スケールで乗り越えるべき役割は、今こそキリスト教会の使命であると叱咤激励している。[*41]

当時、アメリカは第二次大戦後の経済的豊かさの絶頂期である。そのような中で富の分有、富の放棄を謳うものに、誰も耳を貸さない。そもそも、アメリカが謳う自由とは、富の獲得と不可分ではなかったか。十九世紀後半の改革運動とは、巨大資本に対抗して、個人、あるいは小規模事業主の私有財産を守る戦いではなかったか。そしてその自由は、豊かな消費行動と結びついて謳歌されていったのではなかったか。

かつて第一次世界大戦後、改革の機運が萎んだ折に、諦めることなく「第二、第三、第四の風が吹くのを待ちましょう」と友人エレン・ゲイツ・スターに書き送っていたスカダーだった。しかし、もはや、スカダーが望んだ風が吹くことはなかった。書簡を送った相手のスターが、富んだ者におもねり、社会に関心を向けない当時のプロテスタント教会に絶望し、改宗への決意を固めていた時期であったことと対象的である。[*42]

八十六歳という高齢で書かれたスカダーの土地所有論はその現実性というよりは、社会主義の理想とキリスト教の使命の融合を、冷戦期においてまで、希望の源として、アメリカ社会に訴えた姿として注目すべきであろう。これまで退却や逃避するイメージで語られてきたスカダーが、最後まで声を挙げて「融合」とその先にあるものを追い求め続けた姿である。

混乱期にハイブリッドな思想を生み出すことを強要された時代の生き証人がここにいる。そして、言葉の力だけでは、世界が変わらないことも承知していたうえで、なお実践しなければならない課題があることを語っている。富を手放した清貧の小さき共同体への憧れ、富を分かち合うユートピアを希求し続けながら、スカダーは最後まで社会党員の党員証を持ち続けた。[*43]

前述したアメリカ国歌にも等しいと親しまれている「美しきアメリカ」の作詞者、キャサリーン・ベイツは大学教員時代のスカダーの同僚であった。自主性ある自由を歌うその歌は、実は壮大なアメリカ建国史観に貫かれている。清教徒入植の伝統の地から、建国の父たちへ、彼らが造り上げた自由の伝統とその精神が大平原を渡り、ロッキー山脈を越え、太平洋にまでたどり着く。その開拓の様をアメリカの大地の美しさ、雄々しさ、季節の移り変わりとともに歌い上げたものだ。まさに東部入植者から見たアメリカ発展史である。先住民虐殺の歴史は言うに及ばず、入植が北部清教徒植民地よりはるかに早かった南部地域への言及もなく、さらには西部、カリフォルニア地域から東進したアメリカ史のダイナミズムを知る今日では受け入れがたいものである。

「美しきアメリカ」の歌詞

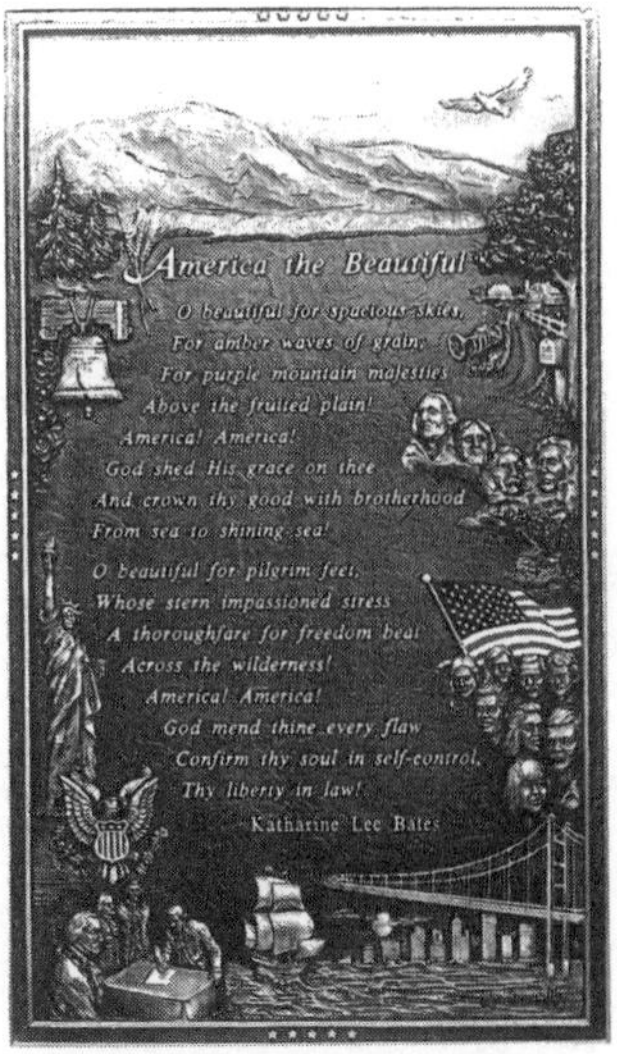

「美しきアメリカ」100周年を
記念するプレート

しかし、ベイツを称えるスカダーには、ベイツ同様のワスプ（WASP）と言われる、白人でイギリスに伝統を持ちプロテスタントである人々のアメリカ観が見える。膨張の担い手であった彼らの白人アメリカの未来への信頼、アメリカの希望が横たわっている。その伝統を紡ぐためにも、スカダーの発想のなかには、共同体の再生こそが、アメリカをふさわしい姿に導くものとして揺るぎない形を残している。

大学教員、社会活動家、研究者、変革期におけるこれら三つ巴の役割のなかで、スカダーが行き着いたのは、融合という名の社会主義思想の飲み込み方であった。そしてそれを、教壇から、さらに教会活動を通して語り続けた。その姿には、アメリカで目指す社会改革が果たして社会システムの変更に至るのか、あるいはあくまでも個人の自己変革によって成し遂げられることを理想とし続けるのか、今日のアメリカを考えるうえでも避けて通れない両天秤に載せられた問いが横たわっていることが見えるだろう。「人格教育」を最後の砦に、スカダーの選択は著しく後者に比重が置かれ、のちの遺産となっていったことも見えるだろう。

第六章　ジェーン・アダムズの挑戦

今へと続くアメリカの課題とタブー

アメリカ合衆国における自伝や伝記には、面白いものが少ないと言われる。アメリカ特有の成功礼賛型の自伝が多い。苦難を乗り越え成功に至った体験を誇張し、読み手に誇示する。その姿勢は、文化的背景を共有しない者にとっては、共感が得られないからだろう。前章で取り上げたスカダーも、精神療法のために自伝を執筆したと言い、自分自身の心の動きを中心に、あくまでも自身の覚醒体験を記し、正当化していく自伝となっていた。

ここで取上げるジェーン・アダムズは、それらの自伝とは一線を画す自伝を残した。『ハル・ハウスの二十年』（一九一〇年）[*1]は自伝であり、同時にアダムズが開設したセツルメントの活動記録にもなっている。アダムズは自身の描く民主主義像を説くために、セツルメントの実践記録を世に問うたと言っても過言ではない。活動記録という自伝を使って、周りを巻き込み、読者の共感を得ることで、政治力のない当時の女性が、社会の合意を作り出すプロセスを自ら実践してみせた。しかも、アダムズの自伝は、これまで周期的に読み直され、見直されてきた経緯をも持つ。いったいどのような力を秘めていたのであろう。

アダムズの自伝は、アダムズが残したあまたの著作と共に、アダムズが掲げた課題が歴史上浮上するたびに、評価が変わり、浮沈を繰り返しきた。礼賛され、あるいは罵倒され、ときにさまざまな陣営の取り合いの対象にすらなった。その課題とは、たとえば政府の役割を巡る議論、社会の寛容や多様性を巡る議論、ジェンダーを巡る議論、キリスト教の精神を巡る議論、さらには戦争と平和を巡る議論においてである。

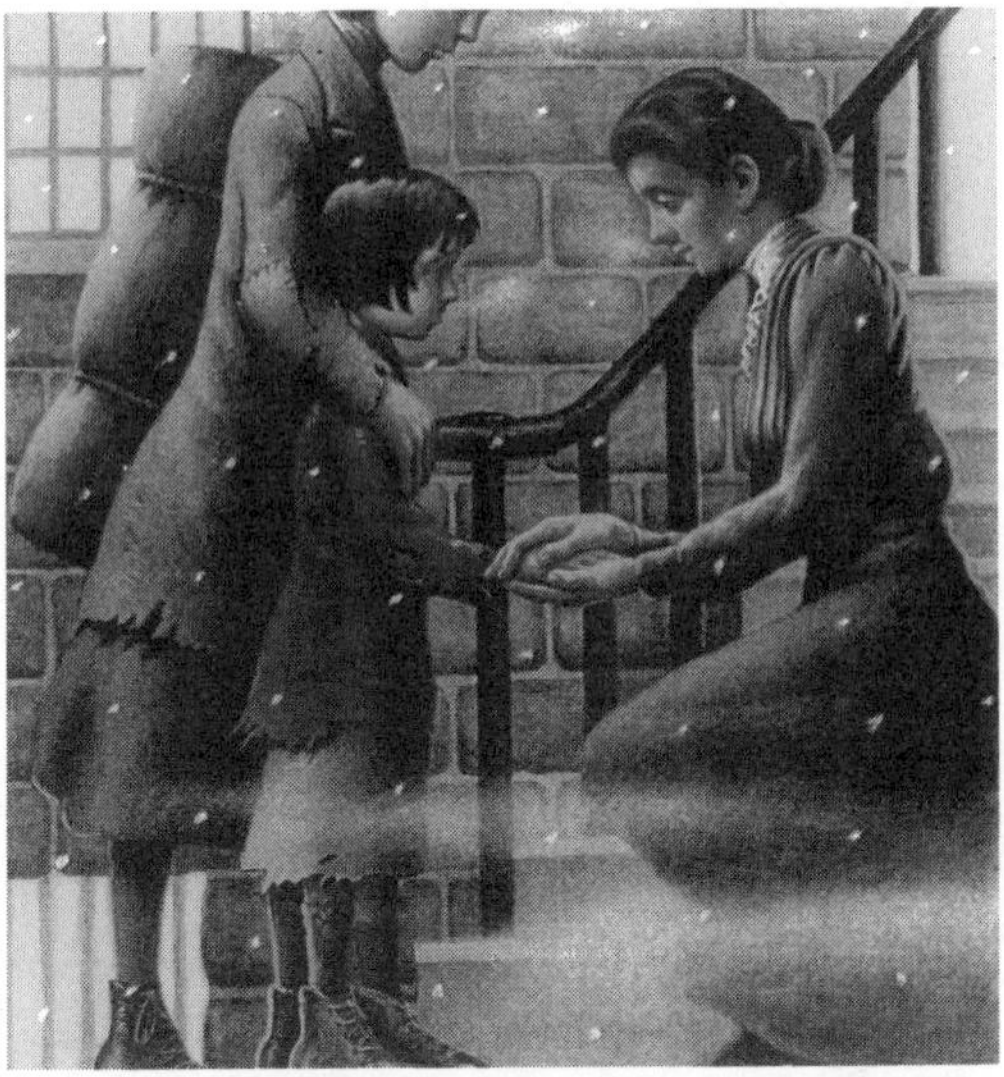
オバマ前大統領の絵本に登場するジェーン・アダムズ
（社会福祉家像を強調し美化されている）

近年では、バラック・オバマ前大統領が、子供向けの絵本にアダムズを登場させたことが注目される。『きみに歌う歌』（二〇一〇年）は、アメリカ人物伝である。オバマが二人の娘たちに語る形をとって、家庭で読み聞かせる幼児絵本として流通した。

概して大統領は幼児をも取りこむ戦略に長けている。第二章で取り上げたイートンの幼児絵本が思い出される。

オバマがアメリカを代表する人物として選んだ十二人の中に、アメリカ初代大統領ジョージ・ワシントンや南北戦争から国家の分裂を救ったエイブラハム・リンカーン、アフリカ系アメリカ人の公民権運動を指導したマーティン・ルーサー・キング牧師と名を連ねて、社会福祉行政への先鞭をつけた人物としてジェーン・アダムズを取上げている。

思いやりを育み、弱者に手を差し伸べた人物として、オバマはアダムズを評価し、建国の功労者の伝統の上にアダムズを重ねた。静かな口調で、しかし繰り返し、繰り返し、多人種、多文化を基盤とするアメリカ社会への認識を子供たちに語りかけている。この多文化理解への糸口を開いた点で、また社会福祉という、それまでのアメリカの政策からの転換を牽引した点で、オバマは同志としてアダムズの貢献を語らずにはいられなかったのだろう。[*2]

ジェーン・アダムズの名は、社会福祉の歴史で著名である。シカゴに「ハル・ハウス」というセツルメントを創設し(一八八九年)、十九世紀末、アメリカに押し寄せた都市の移民たちに手を差し伸べた。そこから児童労働禁止等の労働環境の改善、居住環境の改善、福祉国家への先鞭をつけた。

ハル・ハウスに集い、汚職にまみれたシカゴのボス政治と戦い、市政改革を進めた知識人たちの集団は、二十世紀初頭に盛り上がりを見せた革新主義運動と呼ばれるアメリカの改革運動の中核となって、フランクリン・ローズヴェルトのニューディール政策にまで繋がる路線を切り開いていった。

しかし、アダムズ自身は第一次大戦の勃発を機に反戦活動を繰り広げたことから、危険人物のレッテルを貼られ、敬遠された。一九三一年にノーベル平和賞を授与されるが、アメリカでの反応はきわめて冷ややかであった。

オバマは自著に取り上げたが、国民からすべからく尊敬されている人物とは言い難い。なぜなら、アダムズの温厚な語りのなかには、実は鋭くアメリカにおける多くのタブーに挑戦している部分があるからである。たとえば、新しい市民像を基盤にした民主主義の拡大を説く中では、独立宣言や憲法を創った建国の父たちを批判した。アメリカのような国家統一が困難な国においては、法の支配を掲げる憲法こそが統一と結束の要であり、それを揺るがすことは許されない。まして、アメリカをアメリカたらしめてきた「自由と平等」の理念を高らかに謳う、独立宣言の文言への批判はなおさらのことである。植民地体験を経て、独立したその歴史は、ヨーロッパの帝国とは異なると、アメリカの特殊性や例外主義と呼ばれる主張を作り上げていく核でもあったからである。よほどのことがない限り、高らかと掲げる松明を引き摺り下ろしてはいけないのだ。

アダムズはまた、ハル・ハウスを運営するなかで、直面する十九世紀末のアメリカの現状から、アメリカが多元であるべきことにも言及していった。宗教的な寛容を含むその姿勢は、今でもキリスト教国アメリカにおいて議論を呼ぶ。世俗化を促したとみなされたからである。[*3]

十九世紀末アメリカの海外進出に伴うアメリカの国家観、戦争観にも、アダムズは疑問を投げ続けた。最終的には、第一次世界大戦における反戦活動とその平和主義によってアダムズは断罪された。アダムズの強みであった、臨場感あふれる語りで知らされる、ヨーロッパの戦況、兵士たちの戦争忌避の言動は、愛国主義と男らしさが謳われた時代には許しがたいものだった。一九一九年以来、危険人物としてＦＢＩのリストに乗り続けた。

そして、弱者に向けられた長年の活動から、行政が担うべき社会的責任の拡大を謳ったことは、共に戦った仲間たちと共に、今日に至るまで福祉社会行政が個人の権利を阻むものとして、議論の的である。

こうしたアダムズの信念は、他者である異国、異教の人々と接し、彼らへの敬意と尊厳を認めた中から育まれ、揺るぎないものとなっていった。異質な人々と出会って、排除やコントロールに走ったこの時代の多くの改革者たちとは一線を画していると言っていいだろう。[*4] 何より他者に出会って、変わる勇気を伝え続けた。多様であることに道徳的価値を見出し、それが反映される民主主義制度を求め続けた。移民を非難する人々の侮蔑の姿勢、その偏狭さを強く非難し、将来の国民となる移民の子供たちにその影響が及ばないことを望んだ。「移民たちに魅了されるのです[*5]」という率直な思いは今日のトランプ政権下のアメリカでは完全に忘れられている。

危険視され、忘れ去られてきたアダムズを歴史研究の舞台に引き戻したのは、一九六〇年代のアメリカであった。公民権運動、エスニック・リバイバル、女性運動、ベトナム反戦運動が盛んになった折である。ことに社会問題に取り組み、女性同士のネットワークを武器に政治の分野に切り込んだカリスマリーダーとして注目を浴びた。『アメリカのヒロイン』といった書籍のタイトルの名のもとに、パワーを拡大していった女性として語られたことが、何よりアダムズの再評価を象徴しているだろう。ことに当時の女性史を代表する歴史家たちは彼女の政治手腕を歓迎した。日本でも、市川房枝に代表される女性参政権運動に連なる識者たちが、アダムズの紹介、翻訳にあたっている。

しかし、その後、白人女性中心であったアメリカ女性史が、ジェンダーの視点を持つに至ると、アダムズが女性性に立脚していたとして、厳しくその姿勢が問われ、再び舞台から退いていった。ネットワークを作り、称えられた「シスターフッド」が、アメリカ先住民やアフリカ系アメリカ人をはじめマイノリティの女性への眼差しを欠いていた点で非難を浴びた。女性が男性と異なるという視点に立ったことで、むしろ女性たちの首を絞めたとまで言われた。彼らが成立に尽力した女性労働保護法などは、女性が男性と同等の平等を勝ち取る戦いを遅らせた元凶とさえみられたのだった[*6]。

しかし、近年のアメリカは、再び異文化、異教との共存、共生という課題に直面している。オバマが取上げたことでもわかるように、百年前に同じ課題に取り組んだアダムズが注目されている。そして同時に、いとも簡単に多様性を取り込む試みが切り捨てられてきた現代アメリカを私たちは見ている。

多様な文化や社会がせめぎ合う中で、民主主義の脆弱さが露呈し、民主主義が崩壊しているのではないかという危機に対し、思い起こされるのは、アダムズが民主主義をけっして譲らなかったことだろう。

「民主主義の不備を是正するには、民主主義を拡大していくしかありません（The cure for the ills of Democracy is more Democracy.）」[*7]とその拡大を語り、さらに民主主義の中身を問い続けたことだろう。多様な市民の経験を反映する、「機能する（functional）」民主主義を訴え続けた。[*8]一人ひとりを反映させる最上の制度としての民主主義を手放すことなく、その中身の吟味を訴えた。一人ひとりの体験をよりよく反映する民主主義には市民権の拡大が望まれる。参政権は当時は、白人男子のみが獲得できた権利である。しかし、ただの参政権獲得だけでは足りない。民主主義に内在する価値としての平等を問うとき、アダムズのそれには、人種やジェンダー、国境さえ超える「横デモクラシー（lateral democracy）」[*9]と呼ぶ、ボーダーレスの民主主義社会への希望が横たわっていた。アダムズは本質的に民主主義がグローバルな展開になることを見抜いていた。そのことが今問われなくてはいけない。

市民の一人ひとりを反映させる民主主義の拡大を謳うことは、民主主義が政治哲学から離れ、社会や文化の差異の折衝の場にしたと非難されることにもなる。民主主義に立脚した共和国を語るアメリカにとって、利益代表が絶え間なく争う不安定な社会へと引き戻すことはタブーだった。南北戦争の戦いをやっと終えたばかりだったのだ。リンカーンが民主主義を新たな高みへ誘い、統一に導いたばかりのアメリカである。理念を折衝の場に引きずり下ろしてはいけない。理念こそがアメリカのアメリカたるゆえんだったからである。理念という松明を引きずり下ろすことも、まして松明を吟味することも許されない。理念は、独立宣言が謳うように、「証明を必要としないほど明らか（自明）」だからである。

一人ひとりの体験を反映する民主主義を求めるにあたって、アダムズは困惑や違和感（perplexity）を大切にせよと語った。[*10] 戸惑いを大切にせよ。それこそが原点だという。個人体験を生かすことの大切さ。すぐには言葉にならないであろう違和感、戸惑いを大切にせよと。その小さな個人的なことこそ、既成の社会を変えることに繋がるという。

思い起こされるのは、多くの女性たちを家庭から奮い立たせて、政治の舞台に進出させた、『個人的なことは、政治的なこと』という一九六〇年代の標語だろう。[*11] 一人ひとりの思いをどのように制度化していくのか、民主主義の基本と課題をアダムズは、自らの実験場で学んだ。異教徒、異文化の移民たちが集うハル・ハウスで醸成された異人種、異民族間の信頼感と「コスモポリタニズム（cosmopolitanism）」をアダムズは語った。コスモポリタンとは、一国家的偏見にとらわれないという意だが、アダムズの場合、人々があらゆる違いを超えて接する集まり方、暮らし方、生き方を意味するといっていいだろう。違いを超えて文化交流がなされる場が真の人間性を育む。それがアダムズのいう徳の生まれる場所であった。[*12]

アダムズはこうして育まれる集団の徳を、社会倫理（social ethics）」と呼んだ。ハル・ハウスの小さな実験、ローカルな改革の実践が新しい価値と徳を生むという確信と自信をもって、全国へ、そしてグローバル世界への展開を夢見た。その帰結が平和活動であった。しかし、それは、第一次大戦を前にしたアメリカ社会ではタブーであった。

行政拡大を要求する改革のタブー、市民権の拡大とその考え方を追求するアメリカの理念再考を促すというタブー、多様性と宗教的寛容を容認するタブー、反戦と平和活動のタブー。アダムズは当時のそして今日でもタブーとされるアメリカ社会の問題に触れることを恐れなかった。

しかし、アダムズの出自は、とてもアメリカ社会のタブーに挑戦する女性とは思えないものだった。アダムズ理解のために、まず豊かで恵まれていたはずの白人女性が置かれていた歴史を振り返るところから始めよう。民主主義を理念とする共和国アメリカにおいて、真に機能する民主主義を求めたアダムズの遠い道のりである。

1 「共和国の母」

アメリカ合衆国の歴史は、イギリスからの十三の植民地それぞれの独立、それに続く合衆国の成立、その後の大陸国家作りの発展で語られてきた。そこでは征服の対象であった先住民がまず切り捨てられ、また発展を根幹で支えた奴隷制度を生きた人々も、建国当時の憲法論争の結果切り捨てられた。この独立国を構想し、実現に移したのは白人、男性、豊かな階級の人々であった。共和国という発想を机上のものとはせず、実現に移していった建国の父たちの背景である。

大国イギリスに痛めつけられたというスローガンを掲げたこの小国は、植民地から独立したその事実を、この国がヨーロッパとは異なるのだと建国の基盤にしていった。そして、ヨーロッパと同じ轍は踏むまいと、国王に代わる中央政府の力が巨大化することを恐れた。中央政府は必要悪という考えであった。ヨーロッパでは、常備軍が国王による圧政の道具であったことから、中央政府、つまり連邦政府が常備軍を持たないことを望んだ。一人ひとりが銃を持って守る。銃社会アメリカの起源といわれるものである。さらに、国家の核となる合衆国憲法で人民主権と民主主義を謳った。加えて、よく知られているように修正条項において信教の自由を保障し、国家と特定宗教が結びつくのを禁じた。理念が先行したこの国には、強力な国家を作る要素といわれる強い中央政府、教育・洗脳装置である軍隊や国教がなかった。

人民主権を謳ってはいるが、大衆が暴徒と化す衆愚政治に歯止めをかけなくてはならなかった。憲法成立の背景にあったのは、退役軍人による武力蜂起、シェイズの乱（一七八六－八七年）にみられたような、さらなる革命の遂行を推し進めようとする人々に対する恐怖であった。権力集中を避ける三権分立の仕組、さらには、大統領選出においては、直接選挙を謳いながら、歯止めをかけるために選挙人制度を導入した。限られた白人男子の選挙権にすら、直接選挙を阻む仕組みを考え出さなければならなかった。

のちにアダムズが批判していくのは、こうした背景で生まれた人権の考え方である。啓蒙思想のメッセージである、人間が持つ譲れない権利として掲げられる人権の考え方と、実際にはまったく信頼されていなかった生身の人々の人権との落差を、アダムズは問題視した。建国の父たちの人権の考え方は「不十分」で「弱点」があると。アダムズは憲法制定者たちの考える人権を想像上の人の権利であって、実態がないという。生きている一人ひとりの苦労を汲み取ることのできる人権の在り方を考えなければならない、それができなかったのが、建国の父たちだった。アダムズの言葉を借りれば、「主権あるべき人々の生かされるべき経験を恐れたため」彼らを排除した制度だった。[*13]

にもかかわらず、独立後の小さな共和国が頼ったのが、法的・政治的制度から除外された女性たちだった。安定した国家作りをめざすには女性の教育力が必要とされた。それが、政治家や、教育者、牧師らオピニオンリーダーが、建国直後に作りあげた「共和国の母」というスローガンであったといわれる。このスローガンは近代市民革命が自由と平等を謳ったのにもかかわらず市民として政治参加ができなかった女性たちへ向けて発せられ、その不満を埋めていく作用にもなっていった。[*14]

国教を禁じたことは、一方で様々な宗教が自由に活動する場を用意することであったため、各宗派が自由に活動するキリスト教基盤をかえって強化した。「敬虔」で、「家庭的」で、「共和国の未来を護る息子を育め」と共和国を支えるそのスローガンはますます強化されていった。もっとも、これは女子教育の必要性を生み育てることにもなり、女性たちも自ら積極的にこの役割を引き受けていった。[*15]

しかし、あくまでもこの国家スローガンは白人女性に向けられたものであり、当時大半が奴隷として働いていた南部を中心としたアフリカ系の女性たち、征服対象の先住民女性たちに向けられたものではない。中産階級の白人女性たちだけが、このスローガンで居場所を獲得し、このスローガンを使命感として利用していくことになる。

こうして家庭が女性の居場所として崇められてきた歴史も、南北戦争を経て、産業構造の変化と加速、奴隷の解放、さらには異文化・異宗教の移民の流入で、十九世紀後半に大きな変化を遂げる。社会的に崇められ、自らもその責任を進んで担ってきた女性たちも、実像とのギャップに気付き、声を上げ始める。課され、讃えられて来た母親像、家庭の美徳を体現せよ、と強要されてきた環境を、女性たちへの自己犠牲の強要と捉え、「ノー」と言う女性たちが出てくる。いかに讃えられようが、女性には法的権利がなかったのだ。彼女らの声は、すでに十九世紀前半から始まる参政権獲得の運動に見られるように、アメリカ女性史の主流を形作っていくことになる。[*16]参政権獲得の実現に何十年とかかったことは、いかに抵抗の歴史が大きかったかを物語っている。

ここでは少し視点を変えて、小説家であり、また多方面での女性の解放を目指して活躍したシャーロット・パーキンス・ギルマンの事例を取り上げてみよう。ジェーン・アダムズも苦しんだ女性の役割の重圧、そしてそこから生まれる精神的苦痛、続く病歴がギルマンと酷似しているからである。ギルマンの告発は『黄色の壁紙』(一八九二年)という短編小説の形をとった。それは女性を家庭的役割に閉じこめる隔離主義、夫を頂点にした家父長主義、治療・施術において絶対的な立場の男性医師に代表される権威主義への告発であった。だが、なぜタイトルが壁紙なのか。

物語はギルマン自身の体験がモデルである。家庭生活に適応できない、体調不良で悩む主人公が、精神科医サイラス・ウェアア・ミッチェルの処方を思わせる治療生活を始める。小説に登場する医師のモデルとなるミッチェルは、南北戦争後の帰還兵の精神療法で名を上げ、当時の精神治療の頂点に立つ実在の医師である。その治療法の中で有名なものが、レスト・キュアである。患者はレスト（安静）・キュア（療法）といって、静かに寝ているだけの生活を強要される。刺激を避けるために隔離された閉塞状況の中、ギルマンの物語の主人公は、追い詰められ、部屋の壁紙の図柄に襲われる幻想で狂気に至る。結末は壁紙の中に現れた女性を救い出すと言って、壁紙を狂ったように破り、のた打ち回る衝撃的なシーンだ。[*17]

ギルマンが告発を目的に書いた小説で、壁紙を選んだことは的を射ているといっていい。当時、望ましい家庭環境を作り出す能力は、女性にかかっているとされた。新しい家庭環境に、嬉々として室内の装飾に没頭したグレスナー邸のフランセスを思い浮かべてほしい。目利きであるその力を最も発揮できるのが、パーラーの壁紙だった。招き入れられた客人が、一目で女性の選択眼を判断できるのが壁紙とされたからである。家庭が安息を提供する場とみなされていたこの時代、壁紙は家庭を任されていた女性の象徴であったからである。

どのような壁紙を選ぶか、その選ぶ能力が、女性の「自立」の象徴とされ、壁紙をめぐって社会が動いていた。たとえば壁紙の販売業者が女性の取り込みを始めるのもこの頃である。大量生産が始まり、シアーズ・ローバックなどのカタログ商法は全国津々浦々に、都市で流行の壁紙を西部の田舎町へ届けた。また、新しく都市で誕生したデパートもこの商機を逃してはならないと参入した。

するとその壁紙の出来、その色柄を批評する人々が登場する。当時の安っぽい大量生産の絵柄に対抗して、格調高い、自然をモチーフにするものが推奨された。イギリスの社会改革者、ウィリアム・モリスの影響である。モリス本来の社会改革、社会主義への思いは、アメリカでは切り捨てられ、異なった展開を見せた。本書のグレスナー邸でも言及した産業社会における自然回帰、自然希求の風潮である。モリスの自然を取り入れた壁紙のデザインが、アメリカで一世風靡する。当時の女性誌「レイディーズ・ホーム・ジャーナル」も主婦の教養と品格を象徴すると謳って壁紙特集を組む。なんと「自立する」女性の象徴は一人で壁紙を扱えることであった。

医師にとっては壁紙の柄が問題であった。医師たちは、大柄や色や形が精神に及ぼす影響を語る。一方、公衆衛生に関わる人々は、不潔な壁紙を貼らないようにと、貧困家庭に指導に入る。壁紙用のノリも問題であった。ヒ素の混入が疑われたためである。こうした状況の改善のため、安価で壁紙を購入する貧困家庭や移民家庭に医療関係者が入り込む戦略となっていく。[*18]

ギルマンの小説の主人公が、閉じられた部屋で襲われた壁紙、その「黄色」という色彩は、黄色人種への恐怖をあらわし、頭がくらくらしてくるその威力は「アヘン」を想像させているという。その模様「アラベスク」模様も、異教への恐怖と解釈されるほど、人々の心に潜む、移民恐怖をもあらわしていた。[*19]壁紙は室内装飾に終わらない、当時のアメリカ文化の暗部を垣間見せていたのである。

もちろん小説の中心主題は、家に隔離される女性である。レスト・キュアという当時最新の治療の名目で監視下に置かれる。何もせずに家で寝ていることを強要される。女性らしくないとされたことは、ことごとく禁止された。当時流行の兆しをみせていた自転車に乗ることはもちろん、あらゆる活動的なことが禁止された。本を読むこと、物を書くことなど、女性の自立を育むものは、生活から除かれた。静かに瞑想するのみ。ギルマンも「金輪際死ぬまで、ペン、絵筆、鉛筆を持ってはならない」と処方された。牛乳を飲んで寝ているだけである。

サイラス・ウェア・ミッチェルの治療は、男性患者に対しては未開拓地の西部や海外への冒険を薦めていたことから、性差別による治療であったことは間違いない。このことは、彼が当時の女性参政権反対の論陣を張っていたことからもわかる。ただ、彼の信奉者もたくさんいて、回復を証明する事例も出ていた。動かないで食べる、太ってくる、血色がよくなる。まさにその事例を、つまり、本来精神の治療であったはずのものを、外見の変化だけで治癒・成功とみなしていた。女性たちの内面の思いは切り捨てられていた。[*20]

ギルマン自身は、この治療法を糾弾し、ミッチェルから他の女性たちを救いたい、というのが執筆動機であった。幸い、ギルマンは静かな回復へと向かった。その後、夫と別れ、この作品以降女性を取り巻く問題を取り上げ続け、女性の新しい生き方を模索していく。共同保育を謳う画期的な著作『女性と経済』(一八九八年)、理想郷を描く小説を通して、レスト・キュアで禁じられていた書くことで救われ、世間に発信していった。[*21]

レストという休むことを強要された女性たちが、アクトという行動する人になる。この対比は象徴的である。そして、同じくレスト・キュアを体験し、レストからアクトに転じた女性の一人に、本書で取り上げた、エレン・ゲイツ・スター、そしてジェーン・アダムズもいた。女性たちを苦しめた閉塞状況から、アダムズはどのように脱出していったのだろうか。

2　ジェーン・アダムズの挑戦

「共和国の母」からの脱出

ジェーン・アダムズは、レスト・キュア体験に関して多くは語っていないが、三か月間ほどの治療を受けたという。当時も今も多くの女性たちがそうであるように、教育機関からの卒業にあたって、進路に思い悩む。アダムズの場合はことに、理想と仰いでいた父の五十歳での急死、その後家庭を采配し始めた義母の存在、幼い頃から悩み続けた結核の後遺症である背中の痛みが追い打ちをかけた。故郷のシカゴから逃れるため、フィラデルフィアの医学校へ進学した。しかし、解剖や臨床の伴う医学の実践への違和感をどうすることもできない。解剖書より、トマス・カーライルを読んだ折の幸福感に立ち返ったアダムズは、医学校を去る決意をする。体の不調も原因の一つだったが、家庭という当時女性に期待された場所を退け、人生の目的と居場所探しの途上、勉学を諦めざるをえなくなった。自信喪失に陥ったこのとき頼ったのが、フィラデルフィアで開業していたミッチェルのレスト・キュアだった。同じくこの療法に頼った友人のエレン・ゲイツ・スターが、その自立を阻む治療法にイライラを募らせ、治療放棄をしたのとは対照的に、アダムズは、その性格ゆえか立ち直れず、その他の処方も試す日々が続いた。スターのようにすぐに働かなくてはならない切迫感はなく、裕福だったために返って苦悩の日々は長引いた。敬愛する偉大な父親から学んだ、地域社会で尊敬され役に立つ人となるという使命感が、輪をかけて、何をしてよいのか見えない状況へとアダムズを追いこんでいた。[*22]

自分の生活空間のコントロール、居場所探しに苦しむアダムズ自身、さらには同じ苦しみを味わう当時の女性たちを、ミッチェル医師とはまったく反対の方法で救い出すようになるまで、アダムズは八年を要した。当時の裕福な女性たちの定番、ヨーロッパ旅行にも出た。そして二回目のヨーロッパ旅行の折、スペインで闘牛観戦をする。一人残酷さを楽しんでいたと友人たちに指摘される。その自戒から、苦しむ者たちを野放しにする社会への眼差しを得て、社会改革に思い至ったエピソードはつとに有名だ。[*23]

女性たちのこうしたドラマティクな改心の瞬間は、多くの改革者に似通った体験として繰り返し語られている。そしてレストからアクトへの橋渡しが、神の啓示でも、父母や有識者からの論しでもなく、友人たちからの助言であったこと、学業を共にしてきた仲間たちからの啓発であったことは、この時代の女性たちを象徴しているようにも思える。そしてそれは、まさに、アダムズが自分の手で自分の仕事を創りだす瞬間でもあった。

アダムズは活動拠点を作ることから始めた。ロンドンのイーストエンドの貧困地区にオックスフォード大学の学生が始めたセツルメント「トインビー・ホール」にならって、シカゴの貧しい移民居住区に、セツルメント「ハル・ハウス」を開設した。移民居住区で空き家を捜し歩いた日々は、エレン・ゲイツ・スターの章でも言及した。奇跡的にシカゴ大火から消失を免れ、空き家になっていた実業家ハル氏の邸宅に移り住んだことから、その名がついた「ハル・ハウス」の始まりである。葬儀屋と酒場に挟まれていたというから、移り住む決意は相当なものであったろう。一八八九年、アダムズ二十九歳の時のことである。親から譲り受けた豊かな資金が初期の活動を可能にした。前述のヴィーダ・ダットン・スカダーたちの「カレッジ・セツルメント」には遅れたが、その熱意を姉に語っている。「私たちのほうが上よ。社会科学というより、キリスト教精神に根差しているから」と。[*24] これはのちにハル・ハウスが社会科学の初期の活動の拠点となる一方で、女性性を象徴する宗教的責任を担う活動の両方のバランスを取っていくアダムズの見事な立場を暗示させる吐露である。と同時に、のちに女性たちが見せるセツルメント間のネットワーク、協力関係、競争意識なども垣間見せている。

居場所探しの内なる願望を、アダムズは「主観的必要性」と呼んでハル・ハウスを始めた大きな動機であったと語っている。当時のアメリカには、能力がありながら活躍の場のない若者があふれていた。その嘆かわしさは、苦境にある移民たちと同様であった。移民援助よりも、貧しい人々を救うことよりも、まず自分たちを救うことだったと、彼女は告白している。そして彼女は、これらの若者と移民の双方を結びつけることを考えていくのである。[*25] セツルメントの周りには、シカゴの劣悪な状況があった。当時のアメリカは、その都市化とそれに伴う移民の流入、貧富の拡大化の規模において、イギリスの比ではなかったからである。*26

アダムズは、志を同じくする友人と「ハル・ハウス」で暮らし始める。エレン・ゲイツ・スターである。さらに、友人たちが加わって共同生活を展開した。それは、結婚生活、家庭生活の拒否でもあった。「ハウス」を拠点にしながら、「ハウス」を拒否した。家族の形式を破った新しい形態の住まい方は、それまで隔離された中で、一人で背負わされていた女性の役割を変えていくきっかけを生んでいくことになる。最初は、未婚女性集団、同性愛の世界などと好奇の目にさらされたが、やがて男性も既婚者も集った。夫の虐待から逃れた女性たちも集った。のちに全国消費者連盟の長となるフローレンス・ケリーも、夫から逃れ子供を連れてハル・ハウスに加わった一人であった。

この集団生活は、移民に囲まれ、アダムズが「コスモポリタン」と呼ぶ環境の中、革新主義時代と呼ばれたアメリカ改革期の牽引役となっていく。閉じ込められていた重圧から逃れた女性たちのキーワードは、貧しい地区に移り住むこと。セツルメント活動の条件であった。そして、周りと一体になって互いに知り合うことが重要であった。ハル・ハウスに暮らす自らをレジデンツ(居住者)と呼んで、移民たちがいつでも訪ねて来られるよう、信頼関係を構築しようとした。さらに、自分たちの周りで起こっていることを、見ようともしない人々に向けて、移民居住区の調査をすることで、その実態を知らせようとした。それは、ローカルでの発見を活かす改革の牽

移民を招き入れるレジデンツ

引役となることで、より大きな社会改革への始まりとなった。

　ギルマンがかつて抑圧の象徴とした壁紙が貼られたハル邸のパーラーは、すぐに集会場になった。女性に与えられてきたドメスティックな空間を変えていく始まりであった。集会場で話し合われたのは、周辺の貧しく不衛生な居住空間や労働環境の存在であった。いったい移民たちはどのような暮らしをしているのだろう。訪ねてみよう。

　そこで、ハル・ハウスがのちに社会科学の先鞭をつけたとまでいわれた、社会調査が始まる。移民たちの住居を一軒一軒訪ねて、聞き取り調査を始めた。情報を積み重ねていく。

『ハル・ハウスの地図と論考』（一八九五年）に結実したそれは、児童労働の禁止、

移民居住区テネメントの一室

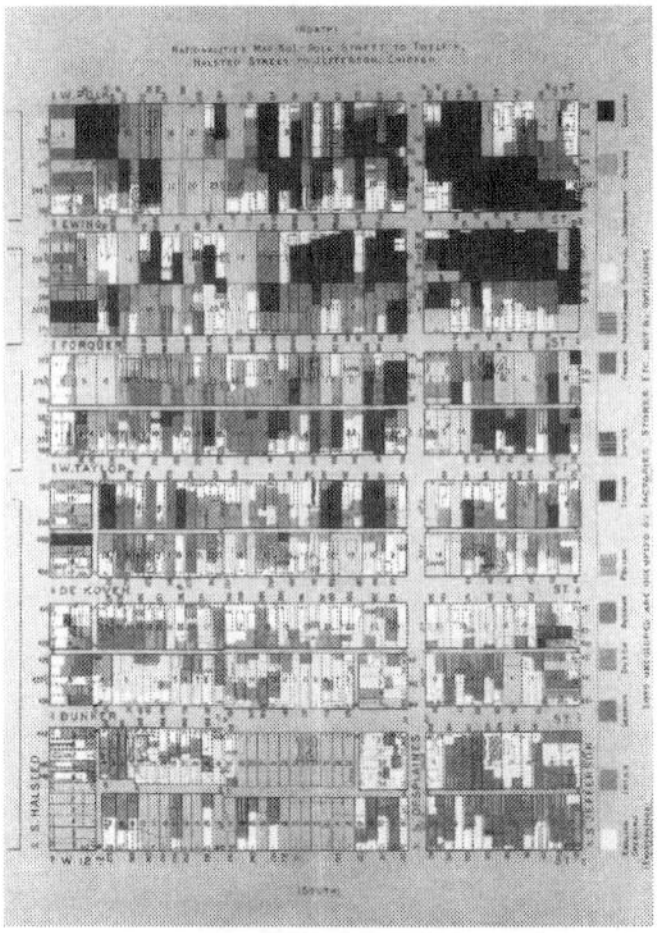

近隣住居地図（口絵参照）

工場労働の衛生管理、労働時間の短縮、地域政治の腐敗と闘って政治力を学んでいくことに繋がっていった。彼らが作成した地図の緻密な色の塗り分けは、移民同志の親密の様、政治活動の有無、距離を置く黒人街などを詳細に描き分けている。収入や労働時間、家族構成など、信頼関係がなければ得られない情報がそこにはあった。[*27]

　こうして、改革への政治力を身につけるなかで、当時の参政権運動と連動して共に進めながら共有していくのは、男性優位の世界観からの自立を身につけていくことであった。それは目的を達成させるための、社会集団としての女性の自覚を持つことに繋がっていった。

　アダムズを頂点に、ハル・ハウスではアダムズの分身が、部門ごとに責任を取り、組織作りをめざしたと指摘したのは、アラン・トラクテンバーグである。ハル・ハウスは、効率よく経営された、アダムズをCEOとするシステムだと呼んだ。[*28] 部署ごとに対応をしていく。うまくいかなければ現状に合わせて、変化させていく。その柔軟さ、臨機応変さも効率至上主義のこの時代の先取りであった。女性を抑圧してきた家庭からの脱出が見事にアメリカの象徴ともいうべきコーポレーション像に生まれ変わったという指摘は、なんとも皮肉であるが、新しい暮らし方、共同体の在り方は、後述するように別の側面も生んでいった。新しい関係性の気づきと構築である。

ハル・ハウスが社会学的思考の先駆けであったことをまとめたメアリー・J・ディーガンによると、以下十四項目からなる成果が特筆されるという。

都市社会学の発想、少年犯罪の調査にみられる犯罪学の発想、質・量を考慮した調査の実践、女性たちのライフ・サイクルへの着目、社会階層の視点、美学と労働の接点の考察、あそびの効用、教育重視の姿勢、社会運動への関心と組織づくり、倫理研究、国際的な政治組織考察、移民と移動に関する研究、アフリカ系アメリカ人対象の研究、女性と環境を巡る視点。[*29]

どのようにして、相互に補完しあうこれだけ多大な成果が生まれていったのか。自伝で語られる例に目を向けてみよう。

劣悪な環境のなかにも、美しいものを見せたいと、美術館を始める。集った女性たちの豊かな見識を反映させるものだ。しかし、高尚過ぎて上から目線と非難されると、参加型の博物館、しかも移民たちが故国の芸術を披露する場に変えていく。第四章で述べた労働博物館の誕生である。[30]それはアダムズの考える労使関係の解決方法とも結びついていた。労使の対立構造を見せない。長い歴史と変わりゆく産業変化の過程に労働者一人ひとりが位置していることを目の当たりにさせる展示だ。後述するが、こうした考え方は、プルマン寝台車工場のストの調停者であったアダムズが一八九四年の調停でみせた労使関係の理解であった。決して資本家と対立させない。資本家と労働者を和解させる道筋に皆が貢献し、位置づけられているのが見えるように展示を工夫する。皆を巻き込んで同じ方向へ。アダムズの考えるより良い方向、「より高度な文明（higher civilization）」[31]へと牽引する。紛れもなく産業化への期待、進歩が希望であった時代を背景にしている。

さらには、貧しい人たちへのパブリック・キッチンを始める。最初は、食習慣が異なるため、うまくいかない。そこで料理教室を開く。材料の調達からアメリカでの仕事の仕方を学んでいく職業訓練所に変貌する。移民だけではない。それまで生活体験のない白人女性の学びの場にもなっていく。「双方向」がキーワードとなって、さらに移民たちからエスニック料理を学ぶ会に変わっていく。異文化の発見、異教との出会いが交流のなかで展開していく。

働く移民の母親たちの子供を預かってみる。セツルメントに集った多くは、女子大を卒業したばかりの若い集団だ。子供相手に遊んだり、英語を教えたり、気軽に考えたことだろう。しかし、児童労働の実態を知ることから、社会福祉を職業へと発展させていく。ソーシャルワークという

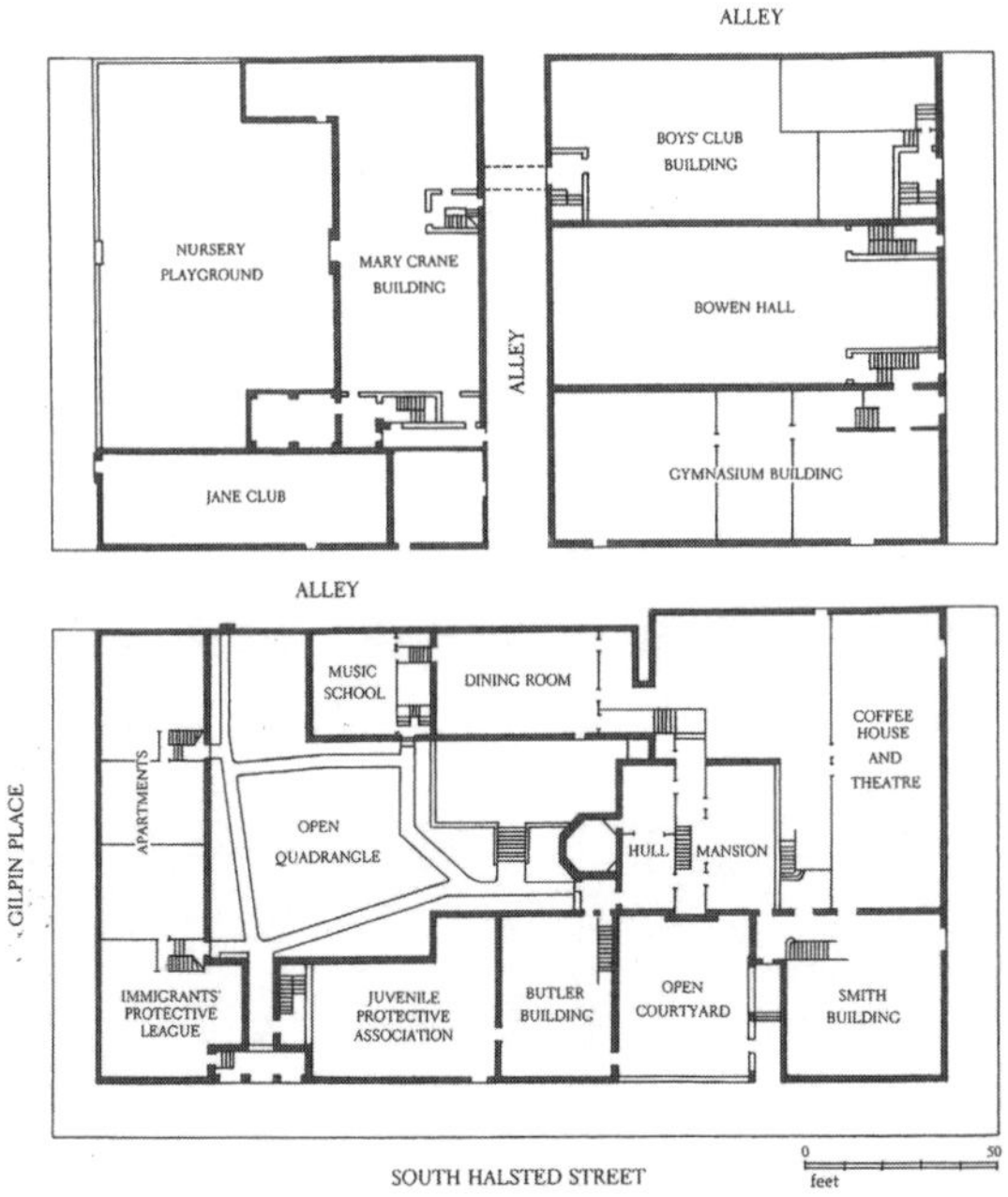

拡張後のハル・ハウス平面図
（下図・一階中央の八角形の部屋がアダムズの執務室）

新しい専門職の誕生に繋がっていく。移民と接しながら、専門職を自立のために手にしていく女性たちが続く。

クリスマスを祝おうとするが、人が集らない。パーラーに立つクリスマスツリーはアメリカの家庭の豊かさ、幸せの象徴である。しかし、なぜ人が集らないのか。周りはキリスト教徒ではなかったからである。ユダヤ教徒、キリスト教でもカトリック教徒の移民が多い地域だった。そこで「インターナショナルデー」に改称する。宗教の違いを乗り越える場がそこに登場する。

これは、アダムズが宗教の壁

を乗り越える大事な鍵となった。アダムズはハル・ハウスがアメリカにおいて寛容を体験できる場として機能していると確信する。ハル・ハウスを「人類愛の大聖堂（カテドラル・オブ・ヒューマニティ）」と呼び、人々の交わりによって、「新しい宗教の絆（new religious bond）」が生まれたと述べている。[*32] 宗教という用語も意味深長だ。移民たちが見せる国籍や宗教を超えて交流する姿は、のちにアダムズの思想の基盤となるものだった。人種や宗教を超えた、新しい共感が基盤となる社会への核心となっていった。アダムズにとっては宗教と呼ぶに等しい思いが、そこにあったのである。

もっともこのことこそが、ハル・ハウスは個人の救済活動を退けたと教会関係者から非難され、不信心とされていくことにもなっていった。キリスト者として望ましくないというレッテルも、当時のアメリカ社会においてタブー中のタブーであり、同僚の改革主義者とは大きく異なるところとなった。第四章で見たエレン・ゲイツ・スターの譲れない思い、また既成教会に最後まで望みをかけ留まった第五章で取り上げたヴィーダ・ダットン・スカダーらとの違いが見えるだろう。[*33]

移民と接して、ひるまず、自らも変わることを恐れず、臨機応変に対応していく様は、建物の増築、改造、利用方法の斬新さにも顕著に現れた。都市空間の利用の変化である。かつては家庭を象徴し、自らも安心を得、周りにも上品な女性像を象徴していたハル・ハウスは、今や独身女性労働者に住居を提供する共同アパートや作業場、劇場、博物館、ジムや幼稚園を併設する十三もの建物群の新しい空間作りを実現していくことになった。多様性の受け皿を提供していったのである。

ハル・ハウスを手本にした移民救援施設は、アメリカ中の都市にひろがった。四百にも及んだという。[*34] 都市化の悲惨な状況とともに、教育を受けたにもかかわらず、家庭生活に押し込まれる不安を共有する女性たちがいかに多かったか。そのネットワーク作りをし、頂点に立ったのがアダムズであった。連携を取り、周りを巻き込む。どのように周りを巻き込んでいったのだろうか。

共感力とコスモポリタニズム

アダムズは、それを「書く」という行為で、いわば一人ロビー活動を展開していくことで始めた。ギルマンと同じく、レスト・キュアで禁じられた、書く行為を武器にしたのである。[*35] 実はギルマンも、ハル・ハウスを一八九六年に訪れている。レジデンツになることはなかったが、女性たちが家庭から解放された新しい暮らし方に刺激を受けた。のちの共同保育を提案する著作のモデルになったという。[*36]

アダムズの成功は、アダムズの周りに集まった教育を受けたにもかかわらず居場所がない、いわばアダムズの分身ともいえる人たちの存在のお陰であった。その多くは専門教育を受けていたにもかかわらず、生かす場のない女性たちだった。ハル・ハウスに集うことで、近代化を迎える社会が必要としていた新しい職種誕生への希望が彼らを支えた。前述のディーガンが強調した新しい社会科学の手法を生かしていく職場である。

のちに消費者連盟を率いるフローレンス・ケリーも、必要とわかると、弁護士資格取得のために大学に戻って勉学をやり直すほどであった。新しい資格、新しい技術がものを言い始める時代だった。危険な工場労働を阻止するために立ち上った医師の資格を持つアリス・ハミルトンは、産業医という新しい分野を開拓した。さらに児童労働の禁止に始まり、連邦児童局の初代局長となったジュリア・レイスロップ。医師、看護師、弁護士、教師、幼児教育者、絵画指導者、産児制限の活動家、加えて、シカゴ大学からジョン・デューイや若き社会学者らが加わった。移民女性の労働運動で中心的な役割を果たしていくメアリー・ケニーもヴィーダ・ダットン・スカダーが待つボストンのデニソン・ハウスに移り住む前、ハル・ハウスを拠点に活動していた。彼女はハル・ハウスでは、独身女性労働者のための共同アパートの開設に尽力した。近代社会のニーズに応えていく多様さがこうして生まれていた。[*37]

それぞれが担っていた専門部署による社会調査をもとに、改革を推し進めるその統括がアダムズだった。新参の学問、社会科学の専門職の頂点に立ったアダムズは、社会科学ではなく人文学の教養を素地にした「語りの力」で自身の描く社会像を語った。法的発想でも、社会的分析でもなく、人間関係の理解こそが、対立を乗り越える鍵、と明確に語ったことも重要だろう。[*38]そして、ここにこそセツルメント活動の中で、アダムズが名を残す鍵が潜んでいる。ハル・ハウスで共に闘ったレジデンツの業績は素晴らしいものだが、専門職における彼らの能力と手腕は語り継がれてはいない。その違いは、アダムズの語りが生む共感力に秘められているのである。

アダムズの分身たちが、その政治活動、消費者活動、公衆衛生活動、労働運動で男社会を説得するにあたって、使用した専門用語をアダムズは使わない。社会科学的手法を持ち込んだことこそが、未来を予感させ、彼らの処方箋への期待と信頼を生む結果になっていたにもかかわらず、アダムズは専門用語を使用しなかった。素人が発見したように、見てきたように、考えたかのように、わかりやすく、アダムズは側にいる人に語るように書く。驚き、喜び、怒りを個人の体験談として語る。アカデミックな用語は使わない。アダムズの自伝や体験をもとに書かれた著作には、その成果を誇る言葉に、おごりはなく、いつの間にか、自分史から集団の歴史、集団で勝ち取った達成史へとアダムズの書き方の変化を見ることができる。

常に人々の協力と援助が必要だったハル・ハウスの活動は、書くことによるロビー活動ともいうべきアダムズの語りによって支えられていた。その語りは次のように人々を誘っていった。まず、私を求めて苦悩する自分から、自己をさらけ出す体験を語る。そしてその体験が可能にした私たちという関係からさらに築いていく私たちの歴史へ。そこで生まれる信頼と発見が、さらに公共への活動へと広がる。ともに関係を築いた多くの人々から語られた証言は、聞き取りと引用、合成、混成する形で、より効果的な代弁という形を通してドラマティックに聴衆を魅了して、さらにより多くの人を共感させるコンセンサスの獲得へと使われていった。

アダムズの『ハル・ハウスの二十年』の前半は、いかに居場所探しに苦労したか、自伝部分が強調されている。自分が何者なのかという苦しみと闘っていく姿を吐露する。幼い頃に母を亡くしたアダムズにとって父親は絶対的であった。リンカーンを尊敬し共和党の上院議員だった父は豊かな環境で何不自由なくアダムズを育てた。父の強烈な最初の思い出は、リンカーンの暗殺を知らされた父が涙する場面である。尊敬する父の早すぎる死。アダムズ自身は家庭に入る人生が見えてこない。女子教育を通してすすめられる宣教師の道も、にわかには納得できない。医学校への進学をあきらめた日々。社会的に容認されていた家庭に入ることを拒否した不安、前述したレスト・キュアに頼った日々、その後、療養のために渡ったヨーロッパ旅行での闘牛見学。血を流す現場に無情でいられた自分を恥じた体験は先にも述べた。

そしてついにロンドンで、トインビー・ホールという学生たちが運営する社会福祉施設を訪れ、使命を見つけた自己発見に繋がっていく。これはアメリカにおける自伝の常套手段で、男性の自伝のパターンを踏襲しているといってもよいだろう。常に自身を振り返り、個人の資質を充実させることこそ求められる人物像。これはセルフメイド・マンと呼ばれてきた男性像だ。自己実現を目指し続けるその姿は、アメリカの男性の成功物語と酷似している。苦悩を乗り越え、努力をして獲得する自分を語る。

ところが、セツルメント開設の動機は、社会の改善と真摯なキリスト教の思い以外に、自己救済のためであると「セツルメントの主体的必要性」という三十二歳の折の講演で吐露するのである。これは、のちに自伝にも再収録された。理想社会やキリスト教の熱意を語る部分は、一部を修正軽減されているが、自己救済の必要を語る部分はそのまま残された。それはこの時代の改革への動きを捉える重要な個所となっている。

そこで、アダムズは当時の若者たちの居場所のなさ、持てる力を持て余す姿を語る。当時のアメリカは、産業構造の変化で極端な貧富の差が生まれていた。貧しさを見て見ぬふりをする無為の若者の姿は、自身の思考力を破壊しているに等しい。その嘆かわしさは貧しい移民たちの悲惨な状況と同等とまで述べている。青年たちの姿は嘆かわしく、憐れむべきもの。投げかける「憐み」という強烈な一語。この状況を打破するには、両者を結びつけることしかない。両者、双方の救済の道、それを実現するのがセツルメントという場であると続く。[*39] こうした自身の来歴をも含めた居場所のなさ、その嘆かわしさ、自己実現は相手なしにはかなわない。セルフメイドではないのだ。自伝における転換である。

そしてハル・ハウスで共同生活をし始めると、主語が変わる。多くの登場人物との関係性を築いていく中、自分の語りがいつのまにか、「私たち」と、集団体験になっていく。お互いが影響しあって、やり方、考え方を変えていく体験記に変貌する。そこからアダムズがコスモポリタンと呼ぶ新しい関係性が出現する。移民と接触して生まれるプロセスを重視するアダムズを、同時代のフロイド・デルは「お隣さんと関わることから生まれる進展（the process of neighborliness）」と呼んだ。まことにわかりやすい呼び名である。アダムズが繰り返す、コスモポリタンを生む、生活力、共同体力を言い当てたものだ。[*40] こうした体験がどれほど自信と確信をアダムズに与えたかは、ハル・ハウスでの移民たちと共有した体験が幾度となく思想の原点として語られていくことでわかる。

特異だが、移民の異質性を身近な問題にまで引き寄せて、共感を生む例を引いてみよう。「悪魔の赤子」という体験談だ。それは一九一三年秋のこと、移民たちの噂に始まる。ハル・ハウスが、「悪魔の赤子」を預かっているという噂が流れた。近隣から、また遠方から、その子を見に移民たちが押し寄せた。当時の新聞もハロウィーンの折に、その熱狂ぶりを報じた。通常のセツルメントの生活に支障が出るほど、六週間にわたり人々が次々に訪ねてきたという。頭に指を二本突き立てて、そんな悪魔の子が見たいといって訪れる移民たちは断っても譲らない。いくらそのような子はいないと説得しても、移民たちは納得せず、アダムズは移民たちにじっくり向き合わざるを得なくなった。そして、その多くが、めったに居住区から出ることもない、貧しい年老いた移民の母親たちであったことに驚く。

「悪魔の赤子」は、憚《はばか》れる表現である。移民女性たちは夫や息子たちの不信心、酒浸りの生活、絶え間ない暴力を戒めるため、またそうした行状を神が見届けていることを確信するために、まるで罰が当たったのだと言わんばかりに、悪魔の耳や形相をした子が生まれると信じてやまなかった。移民たちの語りの紹介に、聞き手はおどろおどろしさをまず感じたことだろう。お上品さが女性に求められていた時代の女性たちである。非文明的な世界への蔑視と恐怖さえ思い起こしたかもしれない。しかし、民族が異なっても似たような話を移民女性たちはするのだ、と延々とアダムズは老母たちの話を引用していく。自室の壁にかかるマリア像を破り捨て暴言を吐く夫、いさめる妻に悪魔像であった方がまだましだと言い放つ夫。そうした家庭で生まれた奇形の子は行き場を失い、ハル・ハウスに行き着くというのである。移民たちの日常生活の凄まじさ、奇形の子を信じる移民女性たちの語りは聞くに堪えない。

しかし、鬼気迫る移民女性たちの話に、立ち止まり、その語りを分析することによって、大転換を図るのがアダムズのやり方であった。夫や息子の絶え間ない暴力、背景にある貧困に喘ぐ移民女性たちの苦しい生活を、むしろ、その「天罰」の子が支えてきたことに注目し始めるのである。神の手になる、その子の存在に、心のよりどころを見つけ出していく様子。むしろその話は、過酷さを生き抜くために、合理的であったとさえアダムズは語る。

そして、「悪魔の子」が表沙汰になり、みなが噂し始めることで、移民女性同士が繋がり、共有体験が生まれていくさまを語っていくのである。悪魔の子が神の手によって存在すること、夫や息子を戒める力をそこに念じて、また娘たちには見知らぬ街でのふしだらな生活への戒めを念じて、その子が存在することに、自らを納得させていくその姿を確認するのである。移民女性たちが、共通の思いを持つことをお互いに知ることで、連帯感が生まれていったのだという。その姿をアダムズは「美しい」と形容した。生き抜く力に転換させたのである。

アダムズのこうした理解は、まさに自身の苦しみ、人には言えなかった辛い過去を包み隠さず語り合うことで、連帯感を女性たちが獲得していく手段に繋がっていく。それは一九六〇年代、女性たちの間で行われた、深層の苦しみを浮かび上がらせ解決を図るコンシャスネス・レイジングと呼ばれた手法にも似ているだろうか。女性たちがお互いの苦しい立場を語りあうことで、恥辱であると思わされていた秘めたる体験を解放する。お互いの共通項を得て、支え合い、連帯していった姿にも似る。あるいは、オーラル・ヒストリーの手法にも似るだろう。語りの場を用意することで、語り手の心の痛みを聞き取り、そこに人間性を見る姿勢である。何より、語り手の移民女性たちには、自尊心を回復する場を得ることが必要だったのだ。

そして、アダムズの言葉を借りれば、そこには「反乱」の力が秘められているとさえみなす結論を導き出していった。聞き手にとって、読み手によって、それはもはや、自分にとって関係のない無知な異教の移民女性たちの話ではない。移民たちの苦境の深さを知らされる以上に、体験や過去を語ることで力を得ていくことへ、自らも含めた納得体験、共感、共有体験の中に引きずり込まれることになるのだった。もっとも蔑まれ、もっとも力のない移民の老母たちから学ぶ力を引き出していくアダムズである。[*41]

ここで重要なのは、語りの中に移民たちの体験や発言を引用し、代弁していく過程で、移民たちの体験も「私たち」の体験の中に取り込んでいくところだろう。移民たちをも含めた共感を作り出した場としてハル・ハウスを描いていく。移民を恐れることはない。移民から学ぶ姿勢を強調していく。会話を取り込んで臨場感を増す語りは、時にはそこにいるように、時には映像を目の当たりにしているように進められる。

しかし、この代弁という編集行為、混成、合成作業が、どこまで許されるのか、吟味を伴う。当事者の尊厳を奪いかねない危険を孕んでいる。大量の経験を自ら積み重ねてきたからこそ、信頼できる混成表現になっているとアダムズらしさを強調する向きもある。[*42] あるいは、アダムズ特有の読者との共有を図るレトリックなのだ、と読み解く向きもある。[*43] しかし、アダムズが戦略的に「聞き取り」、「引用」し「代弁」を使っていったことに疑いの余地はない。ときには、合成、混成、編集することで戦略的に移民たちを取り込んで、主語の「私たち」に入れていくことこそがアダムズのコスモポリタニズムの真髄なのだ。こうした作業が意識的であったのこと、アダムズ自身が明確にしている。最初の演説集の巻頭言を見てみよう。

「話し言葉の原稿は一切修正しませんでした。ここで使われている「私たち」、それは私とその折の聴衆のことです。読んでくださるかたがたが「私たち」の思いに共感してくださる時、そのかたがたも含みます。[*44]」

共感の共同体を作っていく。作り方を意識していることを明確にしているといっていいだろう。アダムズが女性は男性と異なるという揺ぎない視点に立ったことで、女性文化、女性の政治文化を作り上げたといわれている。しかし、こうした共感の共同体作りを見ていくと、女性性を超えようとしている点も見逃せない。常に、移民を含めた多様性を共有することは、女性性も越えていることを示唆するからである。

表現を共有できる集団のつくりかた、それがアダムズの創り上げた文化で、カリスマとしてアダムズがさまざまな支援を獲得し、社会から容認されていくパワーの源だったといえる。民主主義の新しい形を模索していたアダムズにとって、このプロセスこそが、合意を作り出す実践だったともいえるだろう。そもそも民主主義をアダムズはミスティカル（mystical）と呼んだことも重要だろう。[*45] 神秘的なもの、神がかりなものと呼ぶ、そこに秘められた民主主義が持つ理解を超える力に、未知の人々の共感と共有の計り知れない可能性を見ている。民主主義への計り知れない力への恐れや尊厳が込められている。もはや社会科学の用語ではないのだ。

成果とタブー

アダムズたちハル・ハウスの住人は何を変えたか。何をやろうとしたか。ローカルな対応に始まって、ナショナルレベルの改革の推進、さらに海外に目を向け始めたアメリカのグルーバルな視線に何を見ていったか。次の三点に絞って見ていきたい。ここでは原点がローカルであったことがことに重要である。多様な個人が集う場という意味のローカルが原点であったことである。そのことを覚えて、彼らが訴えていったことを見ていこう。

まずは女性に課されていた市民作りの課題を家庭外に持ち出した。市民教育、健康管理、福祉が家庭でなされるより社会の仕事であると、政府の役割に転換させる道筋をつけたことだろう。[*46]「共和国の母」という市民教育の責任は、女性が家庭では担いきれない、社会全体が担うものであるという認識である。

さらに、ハル・ハウスでの共生、協働体験から、民主主義の概念にも転換を迫った。排除が前提の固定された十八世紀の自然権の考え方で成り立つ民主主義は時代遅れ。大衆の自治能力を信頼していなかった時代の白人、男性、金持ちの人々が持つ権利の考え方は、根底に排除の姿勢があると断罪した。民主主義は固定された理念ではない、発展させよ、と。[*47]

近代の市民革命が人間の自由と平等の理念を謳いながら、多くの人を排除してきたことを語る。それはもはや、社会の変化に対応できなくなっている。普通選挙制度しか意味しない民主制に社会的機能をもたせたいとアダムズは言った。

民主主義には、移民たちを取り込んだ、もっと参加する民主主義しか道はない。ハル・ハウスで培った共生、協働体験でつかんだ横に広がる民主主義という信念を繰り返し語っていくことになる。横に広がる民主主義という考え方は本来民主主義というものが、あらゆる差異を超えていくものであると同時に、国境を越えていくものという認識と関わっている。ここでは、アメリカの民主主義の輸出を意味しない。あくまでも人々が経験を活かして繋ぐ、横に繋がる社会を展望している。[*48]

当時は、ダーウィンの進化論を背景に、プログレスと言う考え方がアメリカを覆っていた。それは、もっと前へ、上へという考え方である。しかし、それを横へに置き換えた。共生・共存の発想を明確にした発言と言っていいだろう。時代背景を反映して「ソーシャル・プログレス」という用語を多用したアダムズだが、それは、上にではなく、横にであった。そしてこの横への精神は多文化の許容、宗教的寛容を含んでいる。先にも述べたが、ハル・ハウスが個人の救済をないがしろにした、あるいは、福音主義をないがしろにしたと教会から批判され、アダムズの宗教性が今日まで厳しく問われ続けるゆえんである。横に広がる理想世界観は、地上の楽園を謳い、神を貶めたといったアダムズ批判にも通じるものだろう。[*49]

　アメリカの民主主義、その輸出が押しつけで、押し売りであるのは、私たち日本人のよく知るところである。アダムズはその民主主義の考え方にも疑念を挟んだ。多様な体験を反映できない制度であってはならない。多様性を恐れてはならない。多様性がぶつかり合う場を作れ。そこから政治力が生まれたセツルメントの生活の仕方のように。これは、ハル・ハウスが不良少年対策に進めたボーイズ・クラブの仲良し作り体験だと揶揄されていくものだが、根幹は共感の民主主義の提案ということだろう。

　米西戦争直後に書かれた『新たな平和の理想』（一九〇七年）では、フィリピンやキューバの獲得を祝うセントルイス博覧会の熱狂のなかで、世界に踏み出すアメリカに向けて、それまでの平和の考え方を改めよとアダムズらしからぬ強い口調で語っている。より行動的に、攻撃的に平和を作り出す国家になるようにと進言している。攻撃的（アグレッシブ）という言葉は強烈だ。

名指しで古い思想とされたのが、ジェファーソンの独立宣言の人権の考え方だった。ナチュラル・マンという想像上の実態のないものを前提に考えられた人権は、歴史を経てもう機能はしていない。「『絶対的権利』など存在しない、権利はすべて勝ち取られたもの」という発言には、「人には誰にも奪い取れない『絶対的権利がある』という独立宣言の言葉を思い起こさせる。機能していない人権の考え方を改めるべきである。これからは、「歴史の中で培われ、苦しさを体験してきた一人ひとりの人間の実態を反映する人権」でなければならない。

今日的には、ヒューマン・ライト、エコノミック・ライト、ポリティカル・ライト、シヴィル・ライトといった権利の中身を吟味すべきということだろう。人々の体験が反映される人権の考え方に転換せよ。しかし、独立宣言の文言を引用し、「不適切」、あるいは「落ち度」がある、といった評価を語ることは、アメリカの国是にとってタブー中のタブーであろう。建国の父たちは、人々の経験を恐れたと名指しで批判し、さらに普遍であったものの問い直しを迫ったのだから。

アダムズは続けて、こうした一世代前の人権の考え方では、つまり、白人、エリート男性の作り上げた人権が基盤である国家では、戦争は防げない。戦争で犠牲になるのは、若者、労働者、移民してきた人々、女性、子供たちであるとし、彼らに視点を絞り、それまでの男社会、軍事的野望が広がる世界観を否定した。そして最終的にはハル・ハウスでの体験で得た確信から新しい社会づくりを進言していった。人々の違いを超えて、育まれて生まれる制度、民主主義の究極の終着点、それが平和主義だった。[*50]

アダムズの固い決意は、第一次大戦勃発を機により明確に表明されている。移民の母国ヨーロッパでの戦争を何としても食い止めたいと動く。一九一五年、女性平和党の結成。アダムズを中心に十二か国、千五百人が集まるオランダ、ハーグの国際会議を一九一五年四月に開催する。戦争の即時停止の要求、中立国による働きかけを呼びかける二十の決議案に結実した。これこそが一緒に暮らして自分が他者で成り立つという信念を獲得した帰結、いかに揶揄されようと、ローカルなレベルで争いを解決してきた経験が、アダムズのこうした行動の原動力であった。こうした反戦・非戦活動で、アダムズは国益に反する行動をしたと危険人物視されていくのである。[*51]

当時の人々の逆鱗に触れたのは、一九一五年七月九日、ヨーロッパ訪問で見聞してきたことを語ったニューヨークのカーネギーホールでの報告会であった。開戦後一年、ヨーロッパでの戦況悪化の報告のなか、得意の語りかける演説で、出会った兵士の言葉を引用した。

私たちは、至るところで、老人たちの争いに若者たちが犠牲になっていると聞きました。……スイスで療養するドイツの若者は言うのです。「殺そうとして銃を放った者はいません。周りは皆そうでした」と。……フランスでは看護婦からリストを見せられました。完治して再び塹壕に送り出し、そこで自殺を図った兵士たちのリストでした。……「殺されるのが怖いのではない。殺す立場に回るのが怖いのだ。……人を殺せと命令する権利なんてだれにもないのだ」と彼らは言っていたそうです。

アダムズは兵士の母親の言葉も引用する。「信じていない戦争に行く息子を送り出すことほど辛いことはありません。息子たちは戦争を支持する世代の生まれではないのです」……そしてあたかもすべての人々に向けられているような思いをこめて、看護婦に向けられた兵士の悲痛な叫びを引用する。「……そんなに一生懸命看てくれる暇があるなら、少しはこの戦争から助け出す手伝いをしておくれよ」[*52]

聞き取り、聞き出し、言語化し、代弁し、若者が犠牲になっていく姿を臨場感にあふれた言葉で報告した。若者たち自身の言葉で戦争批判が語られることが重要であった。時代遅れの老いた者たちの戦いに若者が犠牲になることはないのだと。老いたヨーロッパの戦いに参戦すれば、送られ、無駄死にすると、アメリカの若者像をだぶらせて、平和へのアメリカ世論の喚起を願った演説であった。

かつて移民の体験を引用することは許された。それが周りから共感や同意を得ることに繫がった。読者、聴衆との共感作りに重要だった。しかし、この時の兵士の引用は許されることはなかった。引用で暴露された兵士の薬物使用もタブーであった。バッシングをまず始めたのがニューヨーク・タイムズだった。[*53]

この報告以降、アダムズがそれまで築いてきた地位を回復することはなかった。「共和国の母」が育てるべき市民、兵士となることを期待された男性像をこれほど打ち砕いたものはなかったからである。建国以来の女性への処方箋であった女性の役割を拒んできたアダムズの最後の反乱は平和への願いと共に聞き届けられることはなかった。

これまで移民たちが市民権を得ることを援助してきたのがハル・ハウスであった。今日の市民センターとしての役割を担っていたハル・ハウスは、アメリカの参戦後、徴兵制の登録会場になる。市民になることを援助したその移民が、市民ゆえに戦地に赴く。交流の場であった場所が兵士登録場になる。

しかし、この現実が平和運動へと最晩年のアダムズを奮い立たせることにもなった。[*54] 建国以来担わされてきた「共和国の母」で歌われる女性像の見直し、それは最後に、戦争を厭《いと》う兵士像を語ることで戦争に突き進む世界への強烈な異議申し立てになっていった。タブー中のタブーと言っていいだろう。

多くの友人たちが反戦運動から離れる中、アダムズは、一九一九年に婦人国際平和自由連盟を創設し、一九二九年まで会長を務めた。あまたの経歴、受賞歴のなかから、アダアムズは墓碑銘に「ハル・ハウスの創設者」ならびに「婦人国際平和自由連盟の創設者」を選んだという。アダムズの強い思いをそこに見ることができるだろう。

そしてアダムズがアメリカの啓蒙思想という西洋思想の流れの中に位置しながらも、それがいかにアメリカの国家の根幹となっていても、見直しを迫ったこと、その帰結が平和であったことを今こそ顧みるべきだろう。

『現代のリア王』

自伝から始まったアダムズの軌跡を追う作業の終わりに、自伝をだぶらせた読み解き方が、アダムズを知る鍵となる講演原稿を取り上げたい。一八九四年にシカゴ郊外で起きたプルマン寝台車工場のストライキに関するアダムズの講演原稿である。講演から二十年の年月を数えて出版された。なぜ活字にならなかったかには諸説がある。

『現代のリア王』（一九一二年）はストライキ直後にシカゴ、およびボストンの女性クラブでの講演テーマとして語られたものである。しかし、大手の出版社は活字にしなかった。プルマンを慈善事業家として非難したことが、当時慈善事業に携わる機関や慈善家に受け入れられなかったという。一方プルマンを慈善家とみなすアダムズの姿勢にも反論も出た。ことに、アトランティック・マンスリーの編集者、前章スカダーの叔父、ホレース・スカダーの反論である。プルマンを慈善家とみなすことは、本来利益重視の資本家であったプルマンへの誤った理解であるとみなされたという。[*55] はるか二十年近くも前に葬られたものを、なぜアダムズは出版に踏み切ったのか。その内容のどこに、アダムズにとって譲れない姿勢があったのだろうか。

そもそもなぜシェークスピア演劇のタイトルの講演であったのかには説明がいるだろう。ハル・ハウスは移民たちに多様な教育を提供したことで知られている。革新主義時代といわれる改革の先陣を切ったとされるセツルメントの移民教育だが、女子大生たちの手さぐりの取り組みは色濃く、その背景を映し出しているものだった。アメリカナイゼーション教育、つまりアメリカ化を強要する教育と解釈されたり、文化的に劣ったものを文明化するという意味でアップ・リフティングの高飛車な活動であったとみなされたり、清潔指導や行動規範の教育は、社会制御（ソーシャル・コントロール）とも歴史家たちに理解されてきた。しかし、アダムズの強い意向で移民たちの文化的背景に敬意を払ったことも、アダムズ自身の発言を通して語られてきた。さらに、教育面では、セツルメントに関わったシカゴ大学のメンバー、なかでもジョン・デューイの教育観を反映して行われた実践教育は、今日も高く評価されている。[*56]

どのような活動が展開されていたかは、エレン・ゲイツ・スターの章でもふれたように、絵画や彫刻指導、陶器づくり、移民の母国の手作業の復活、遊びやスポーツを通しての子供のクラブ活動、女性に極度の安静を求めたミッチェルへの反動かと思わせる女子を対象とした体育教室などレクリエーションが上げられるが、なかでもハル・ハウスで突出していたとされるものが、演劇を通しての教育だった。[*57] 演劇で多様な配役を演じることから、演じた役柄を通して異文化の内面的な理解を試みた方針はアダムズらしい。ハル・ハウス内に劇場を持ち、のちに所属劇団も持つようになる。

シェークスピア劇「十二夜」(ハル・ハウス)

セツルメント開設直後にシカゴで起きたプルマン寝台車工場のストライキの折にもアダムズは即座にシェークスピアの『リア王』の世界観を感じ取ったと吐露している。シェークスピアの四大悲劇のひとつ、『ハムレット』、『オセロ』、『マクベス』と並ぶ『リア王』は、年老いた王が、土地を譲り渡した娘たちに裏切られ、国を追われ荒野を彷徨した末に、破滅する物語である。ただ一人、正直だった末娘コーデリアの思いも理解できず、怒りと復習に狂う暴君の物語である。それは、当時の教養ある女性たちに、シェークスピア演劇が広く受容されていた背景を反映しているといっていいだろう。また社会科学による分析の導入において先陣を切ったアダムズが、文学作品で諸相を読み解いていったことは、同僚の改革者と異なる側面を見せている。

実際、労使関係の理解は法の理解や社会情勢の理解では説明できない、人間関係の理解こそが、解決を導く糸口であるとアダムズは講演原稿の冒頭で語っている。本来、演劇は時代への反骨精神を秘めている。ヨーロッパにおける十九世紀後半のシェークスピア人気は、人々のシェークスピア演劇に潜む既成体制批判が共感の背景にあったとされる。アダムズはどのように読んだのか。一八九四年、全国を揺るがし、死亡者まで出した深刻な労働ストをアダムズは『リア王』を使って、どう解説したのだろう。[*58]

教材としての『リア王』は、ハル・ハウスの教養教育の一環として本書で取り上げたエレン・ゲイツ・スターが担当する講座で使われた。ハル・ハウスは大学の延長教育的な役割を担い、集まったレジデンツたちが嬉々として夜間講座を開いた。かつて設立の動機として述べていた、教養ある女性たちの居場所を提供していたのである。さらに、アダムズやスターの母校、ロックフォードセミナリーの夏期講習にもスターが呼ばれて講義をしたという。スターの講義のタイトルが残されている。「リア王：自業自得の物語」である。[*59]詳しい内容はわからないが、目次から察するに、厳しくリア王を追及し、突き放した内容であったと想像できる。スターの解釈はアダムズの理解を踏襲していたようには思えない。むしろアダムズはまったく別の理解をもって読み解いたように思われる。その読み解き方に、アダムズの本質的な部分が初期の時点ですでに見てとれるのだ。彼女は、リア王だけを厳しく追及はしない。人間関係はあくまでも双方向で見ていく、しかも対立は好まない、常に、両者が同じ方向を探し、協力しあう、という解釈において『リア王』の読解は、アダムズらしさが際立っている。二十年たっても、葬り去らず、出版を試みた理由がそこにある。合意を生むプロセスを探ろうとしたのだ。

アダムズの自伝には、プルマンストライキの労使関係に関する記述はなく、死の床にあった姉の見舞いに行く折、全国を巻き込んだ鉄道ストに見舞われた体験を述べている。姉の家族が間に合わず看取れなかった事実を淡々と語っている。[*60]

全国規模に広がった鉄道ストは、前述のプルマン寝台車工場のスト支援のためであった。発端は一八九四年五月、高級車両、寝台車で知られるプルマンの車両工場のストであった。一八九三年の恐慌以降の長引く不況のなか、賃金カット、解雇などに見舞われた労働者が声をあげたのだ。当初三人の陳情で始まった告発だったが、陳情者が解雇されたことに伴い、ストに突入した。さらには、ユージン・V・デブス率いる、アメリカ鉄道組合が支援したことで、全国に広がった。二十社におよぶ鉄道が止まってしまったのだ。プルマン車両を使用する鉄道会社にストを呼びかけたからであった。四分の三を占めていたともいわれるプルマン車両の独占状態を物語るものだ。ストライキは当時のアメリカでは不法行為である。もちろん最低賃金も労働時間も保障されていない時代である。わずか一年で五回にも及ぶ賃金カットのなか、あてがわれていた労働者住宅の家賃すら軽減されないことも労働者の怒りをかった。このスト支援に立ち上がった鉄道労働組合は、デブスの名を全国に知らしめた。当時のプルマンの経営陣はストを鎮圧すべくグローヴァー・クリーブランド大統領に連邦軍の出動を依頼した。それを受けて、二千人の軍隊が派遣された。それが引き金となって十二人の死者を出す一大惨事となったのだった。わずか二か月あまりのことであった。デブスは、逮捕され投獄された。その後、投獄中、社会主義者となり社会党結成、大統領出馬に至る活動を展開していく。

このプルマンのスト事例は、アメリカにはなぜ社会主義が生まれないのか、という問いと共に語られてきた。個々の労働者がより良い条件を求めて去って行った状況が、このストライキのイメージとして固定化されたためである。いかに快適な環境をあてがわれても、いかに改善されても、自由度が確保される労働条件を求めて、工場を後にした労働者の姿が、アメリカらしさを象徴していたとされたためでもある。[*61]

こうした状況下、アダムズは労働組合支援には走らなかった。常に階級対立を避け、両者による和解の必要性を説き続けた。階級闘争では解決できない、とのちの著作でも明言している。[*62]そこでは「コスモポリタン」的交流を基盤に未来像を描くアダムズののちの姿が重なってくる。対立する両者の共通点は何か。講演原稿では、より良い未来を目指す協調を説き、和解に終始している。双方が納得するのは、どのような未来か。両者が共有する未来の展望、それは、双方が豊かさを共有できる世界である。給料に見合う働き方をするならば、サボタージュをするしかない。それはなにより、働く者の精神の貧しさへと繋がる。働く者は働く意義が労働全体の中で見えてこなくてはいけない。ラスキンの議論を垣間見せるが、アダムズは前近代に戻る処方箋を考えてはいない。労働博物館のアダムズの手法を思い出してほしい。両者が共に前に進むために歩み寄れる土壌は何か。双方の協力によって生まれる、豊かさを共有できる働き方の模索である。[*63]

アダムズが語った両者の歩み寄りが可能であると決定づけるのは、この両者が根底に持つもう一つの共通項である。それが、良心の問題だった。資本家も労働者も不本意さに良心の呵責があるのではないか。それをより良い未来に活かせないものか。アダムズ流の良心の問題へと議論の方向を向けていく揺るぎない信念が見える。[*64]

議論の中心は、親子関係への還元である。シェークスピア演劇を利用するのは、このことにおいて重要なのであった。アダムズによれば、プルマンは、いわばリア王のように、古い権威を笠に、子供の要求を理解できない父親と理解された。一方、娘のコーデリアは父親の権威から逃れたいが逃れられない、自由を希求する立場の労働者と解釈された。これは、かつてアダムズが自伝の中で語った、自身の居場所探しに駆り立てられた折、家庭の重圧との板挟みに悩んだ自身と酷似する解釈であった。成長する子供が外の世界を知って、親への反抗心を募らせる。子供には、自制心がない。思いやりや憐み、共有した思い出を回想することも、忠誠心もない。何不自由なく育っても、そこでは獲得できない外の世界への希求である。外の世界で学び、使命感を覚えた

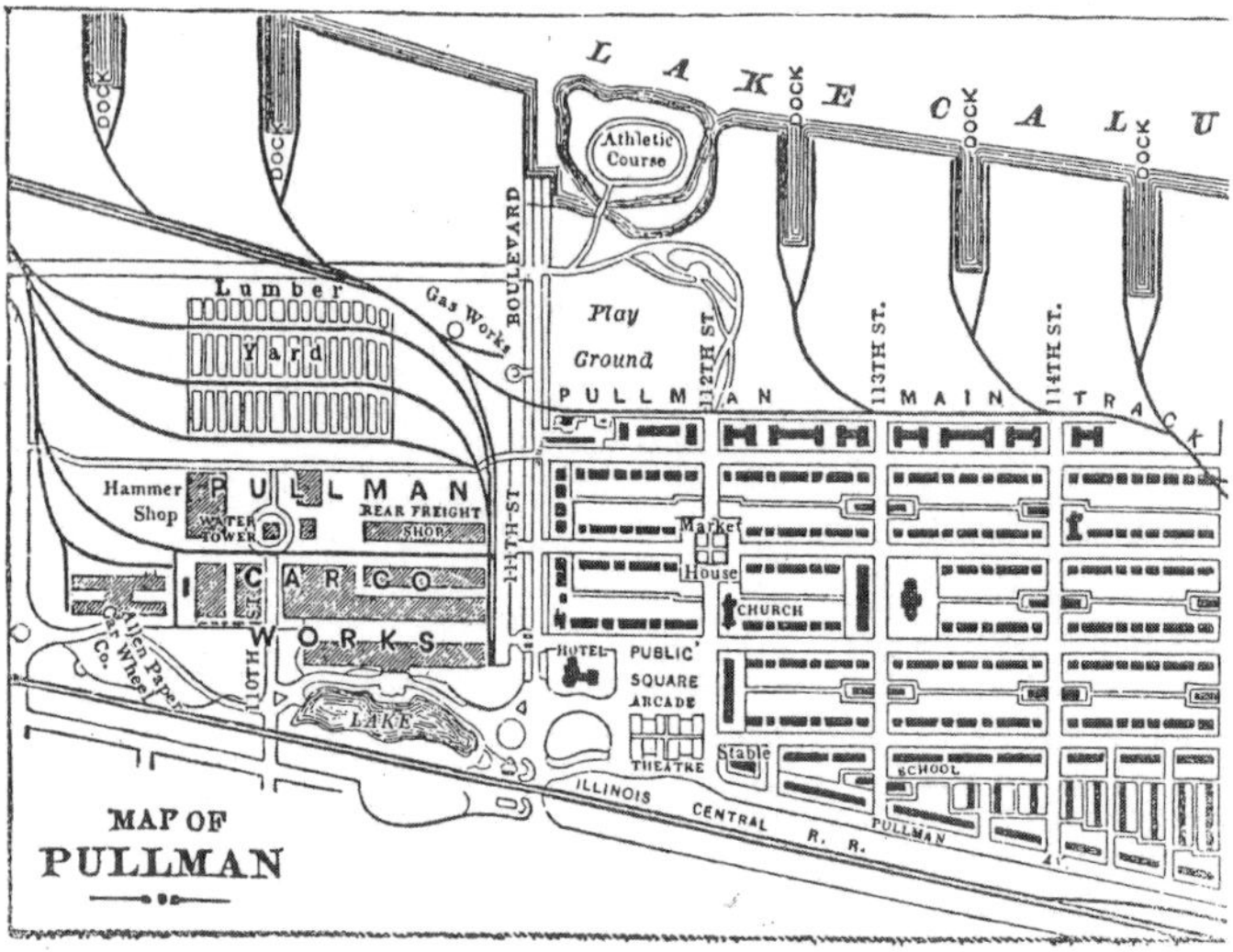

プルマン・タウンの地図
(職住近接の計画的な企業都市の様子を見せるプルマン・タウン)

娘は、外の世界に憧れる、それは外の世界を知った労働者たちと重ね合わされている。しかし対立する両者の根底には、お互いを責めることへの良心の呵責があるというのだ。労働者の経済的苦境とその思いをどれほど理解していたか、アダムズが批判を浴びるのも無理はない。十九世紀の過酷な労働状況が、女性たちに家庭に留まることを課す重圧と、その解放に読み替えられているからである。[*65]

プルマンの工場は、このストライキ以前からすでに有名な場所であった。シカゴから十五マイルの近郊に、プルマンが一八八一年に作り上げた「理想の」企業城下町であったからである。労働者の居住区と職場が同じ敷地内にあり、通勤に効率がよいばかりか、労働者の家族構成に合わせた住宅を提供した。清潔を第一とし、下水施設はもとより、湖や歩道が美しく配置され、区画されたその景観は絶賛をあび、未来のカンパニータウンとして、人々の知るところだったからである。外の世界がこの地よりいいはずはなかったとされたのであった。

アダムズの友人でもあった、アメリカ経済学会の創始者、経済学者のリチャード・イリーも、このプルマンの企業都市に魅了された記事を残している。「プロビデンス」とさえ形容した。「神の摂理」と呼んだのである。もっともイリーは最後にはいかに劇場や娯楽施設が完備してようが、いかに居住空間が労働者の健康管理さえも考えられたものであり、学校や教育施設を多く備えていようが、労働者の自立を促す行動は一切許されないその環境、たとえば、新聞社などの言論の自由を保証する施設がない空間として、「アメリカ的ではない」と結論付けていた。[*66] 企業都市という閉じられた環境より、はるかに自由な世界が外に広がっているとしたのだった。

アダムズは、当時すでにシカゴのさまざまな市政における問題を話し合うノン・パルティザンの市民仲裁委員会（Civic Federation）から調停役に任命されており、この問題を解決する立場にいた。資産家からの支援を必要としていた福祉活動の展開には、シカゴの金持ちの存在は切り捨てられなかった背景がある。このジョージ・プルマンは、四千人の労働者をかかえるシカゴの名士であり、前述のグレスナー邸のあるプレイリー通り一の富豪であった。アダムズは調停役としてプルマンの面会に出かけたが、拒絶された。調停は論外であるという立場をプルマンが貫いたからである。[*67]

アダムズは、ジョージ・プルマンが労働者に与えた環境づくりには一目置き、本来、国が発案し、計画、提供すべき理想的な労働環境とさえ認識していた。ソーシャル・エンジニアリングがその特徴であった革新主義時代の改革者の一人として、アダムズがプルマンの計画都市に好感を持ったのは、当然だったとする指摘もある。[*68] しかし、国が提供すべき環境としたことこそ、経営者側も、労働者側も、違和感のあるものだったという。国家介入の計画経済をアダムズがにおわせたというのだ。[*69]

アダムズは一見良心的と見えるプルマンの労働者への対策を、慈善と捉え、厳しく批判を展開した。施しであってはならない。ストによって明白になった事実は、資本家側に労働者の思いを汲み取ることができないという決定的な落ち度である。まるで国家の為政者が、民衆の心が理解できない独裁者となったように。さらにプルマンは、愛の受け入れ方を理解できない父親、リア王像でもあった。労働者の意向を汲み取ることができない。上に立つものとしては失格なのであった。

では労働者はどうか。これも一方的な要求で対立を悪化させ、譲歩する姿勢がない。わがままな若者像に映った。親への思いやりを欠き、親と対峙して譲らぬ子供の姿に映った。

本来、両者は同じ方向を向いて、社会のより良い向上を図るべき立場にある。しかし、その両者の対立こそが、一般市民を不便に陥れている。それを強烈な言葉でのちに、民衆の敵（public menace)といった。[*70] プルマンストの悲劇はお互いの利害対立に終始する労使関係だった。それは本来アダムズが望む、民主主義の在り方ではない。双方が同じ方向を向いて望ましいあり方へと模索する制度こそが、彼らの要求を望ましい方向へと進めるものだからである。資本家の圧政も、労働者の反抗も、双方が想像力を欠いている。しかし、ここから、両者とも良心の呵責に悩まされていると理解していくのがアダムズ流だ。一般人を巻き込んだことへの非難が見える。

プルマンストの理解にあたって、「私の責任はどこにあるのだろう。(How far am I responsible?)」[*71] と問う姿勢はいかにもアダムズだ。常に自分の体験に引き寄せる発言は聴衆を揺さぶる語りかけの特徴である。演劇を題材にした語りも聴衆の耳に心地よい。死者を出したストライキにもかかわらず警戒心も恐怖心も和らげる。続くプルマン工場でのス

プルマンの企業都市を伝える新聞記事(1889年4月27日)このような新聞記事がプルマンの斬新さを讃えた。

トライキの解説は、これもアダムズらしく、対立を避け、お互い愛を持って向き合う、という調停案で終わっている。そこには恐ろしい労使対立はない。だれでもが共感できる親子関係に読み替え、聴衆に身近な、シェークスピアから学ぶ教訓として語るのである。そして娘コーデリアが持っていた新しい世界観のエネルギーに、労働者の秘めた力を感じ取った。アダムズによれば、資本家と労働者双方の「思いのたけを一つに結実した力、(vibrating response into one impulse)[*72]」こそ、求められるものであり、それこそが進歩に繋がる。「横に広がる進歩(lateral progress)」に向けて歩み出さなくてはならない[*73]、と最後に結んでいる。プルマンストの解釈はまさに、アダムズが訴えてきた、横に広がる民主主義を考える試金石だったのである。これはストライキの調停役の進言というより、アダムズの人間関係の理解の発言である。なんとかして同じ舞台で解決できないものか、もちろん、この舞台は、資本主義の発展で豊かになっていく十九世紀のアメリカである。

そのアメリカにおいて、アダムズの同意を生み出す際の手法こそが、何よりこの『リア王』理解が物語っている。アダムズは、より直接行動で労働者側支援に立ってきたハル・ハウスの仲間からは、疎まれた。アダムズのほうも、表だったストライキ支援を避け、常に距離を置いてきたことは前述のスターの章でも言及した。直接行動を求める人々は、アダムズのもとを去っていった。しかし、それこそが、アダムズの成功の鍵でもあった。ハル・ハウスにおいてドラマによる実践を試み、配役を演じて関係性を読み解き、理解を深めようとすることに徹するアダムズらしさともいえる。異なった人々の合意の取り方に、ここでもアダムズは挑戦しているからである。

慈悲の時代の終わり、施しの終わり、民主主義による新しい世界観への展望を語りながら、アダムズに内在する、合意のプロセス醸成の重要性を早い段階から旨としていることがわかる。もっとも、重要なのは、同意を生み出す具体的な仕組み、その制度化には言及されていない。あくまでも、良心と愛、道徳的行動への目覚めとアダムズの金言、社会倫理の確立を願う、アダムズの姿である。


シェークスピアの親子愛を語って聴衆から共感を得る手法は、聴衆の心を魅了していくのちのアダムズ像を彷彿させるが、労働者の状況理解においてはアダムズの限界を見ることにもなろう。また、「人類愛の大聖堂（カテドラル・オブ・ヒューマニティ）」であるハル・ハウスが、対立を乗り越える場、宗教の寛容が生まれる場と謳いながらも、具体的な実現においては、実例が乏しい、と指摘されたことも思い出されるであろう。ユダヤ人牧師との協力や、初期の公民権運動への関わりなど、少ない支援や協力事例を語ったリマ・シュルツによると、アダムズが好んだ劇場型の宗教的演し物が活動のなかでは最も注目されるという。同時に、異教を取り込んだ劇場型のイベントや劇の上演をコスモポリタンの実態とみなすナイーブさも指摘している。[*74] たしかに、「機能する民主主義」も「横デモクラシー」への具体的な制度づくりも道半ばであった。

横に広がる民主主義を語り、異なるものが、共有する未来を夢見続けてきたアダムズの源は、この若き日のシェークスピア理解に萌芽があったように思われる。若者を理解できない父親は舞台を退くべきである。アダムズはコーデリアに自らを重ねて、新しい時代の到来を見ていたのだろう。世代交代はどうあるべきか。『リア王』の小宇宙は、対立するものが、関係性を構築する課題として常にアダムズに寄り添っていたようにも思われる。アダムズにとっては、そもそも対立ではない。より良い方向を生み出す民主主義制度への誘導の機会ですらあるのだ。アダムズにおける「対立とは合意に至る合意途上の姿なのである。(Unity in growth)」[*75]とアダムズの問題解決の方法を、ともにハル・ハウスで働いたジョン・デューイが呼んだという。アダムズの、対立から和解へと導く姿を見事に言い当てている。

コーデリアの心の叫びを、新しい世代の一人ひとりの叫びを、声にしていくプロセスこそが次世代の民主主義に課された課題として、思い起こさせるのである。民主主義をミスティカル(mystical)[*76]と呼んだ、可能性への敬意とその力への信頼を求め続けたアダムズの姿が、今一度見えるだろう。二十年たってもアダムズがその出版を葬らなかった理由である。

アダムズが挑戦してきた課題の数々。「共和国の母」という呪縛から、ハル・ハウスという民主主義醸成の場を獲得して、世界の民主主義への展望を語るアダムズの軌跡を追うことは、けっして無駄な作業ではないと思いたい。他者と出会って変わる勇気を得たアダムズの姿、暮らしに根づいたコスモポリタニズムの可能性を信じる姿にである。そして何より、インターネットの世界ではなく、他者と出会って民主主義を醸成する場が私たちの周りにあるのだろうか、という問

晩年のアダムズと子供たち

いに立ち返らせてくれる。

おわりに

本書後半では、三人のセツルメント関係者に焦点を当てた。南北戦争後のアメリカ社会の混乱のなかに放り出されたような、変革期を生きた女性たちである。

それまでマージナルな地位に落としめられていた女性たちが、その苦しさ、無力感を乗り越えたさまを、ジェーン・アダムズは雄弁にセツルメント設立趣旨で語った。移民たちの到来で変貌する社会、居場所のない若者たちに、今こそ他者との関わりを持つ場が新しいアメリカには必要なのだ、と。ヴィーダ・D・スカダーも自分は何者なのか、と苦しむ中で、セツルメントに身を投じ、自分探しの自伝的小説を書くことで、可能性を探りあててきた。既成の教会は助けにならない、勤める大学もあてにならない、最後に依った労働組合も弱者に寄り添わない、と次々と挑戦を繰りかえして理想の社会を描きながら、自分自身の居場所を求め続けた。アダムズもスカダーも退けた労働組合運動の未来に可能性を求めて、果敢に運動に身を投じたエレン・ゲイツ・スターも、当時の女性たちに期待された家庭という居場所とは異なる場所を探し続けた。三人のだれもが、本来の女性の居場所とされた家庭を逃れて、新しいアメリカの到来に、自らの居場所を探し続けた。そしてそれぞれが最後の選択にたどり着いた。異宗教との並置、並存を知ってなお自らは、カトリックの修道院へと向かったスター。社会主義思想をのみこんで、既存宗教を通した変革に期待をよせたスカダー。異宗教の並置、並存を放置せず、既成宗教にも依らず、寛容という新しい方針を掲げて、新しいアメリカの行く末を願ったアダムズ。

恵まれていたはずの白人中産階級層の居場所探しと社会参加を、自己中心的な欲求で改革に動いたと解釈してきた歴史書は多い。産業化、都市化、移民の流入という激しい変化に、それまで豊かさを享受してきた白人層の若者たちがもはや未来を描けず、熾烈な産業社会に参画できる素地も持たず、生まれ育ったキリスト教の使命感から、改革運動という名の居場所に走った。そして、その多くが改革の名のもとで、移民排除やコントロールに動いた。

しかし、セツルメント関係者をみていくと、濃密に移民と関わることで、たしかに自身の使命感は満たされ、居場所を探し当てたが、明らかに、自分自身も変わっていく姿を見せ始めていることに気づく。

専門家集団をつくりあげていく女性たちをまるで分身のように集めて、セツルメントを目的達成の場にしたアダムズは、異なった者たちが同じ環境に集って働くことで、力を得ることを確信していった。異なった人々との接触が新しい関係性を生む。そうした場所を作らなくてはならな

スイカズラの壁紙に覆われたアダムズの寝室

い。そこで相手を知り、多様性を認めることで自分も変わる。それが、エンパワーメントに繋がる。そうした働き方をしなければ、立ち行かない現実だった。
　ハル・ハウスの一階のパーラーは、移民と集い双方が刺激しあう集会所となったことは前にも述べた。新しい出会いの場を創設して、民主主義を築くコスモポリタンの場であることを確認していった場所である。そのかつてのハル邸のパーラーの階段を上った三階にアダムズの寝室がある。そこにはメイ・モリスのスイカズラ柄の壁紙が張られていたという。メイはウィリアム・モリスの次女である。彼女は刺繍や手作業を通して、イギリスにおいて女性芸術組合をつくり経済的自立へと女性たちを支援した。スイカズラの図柄はジャポニズムの影響を受けていたとも言われる。周りの喧騒を感じさせない上階の小部屋。大輪でありながら繊細な花柄の壁紙は、十九世紀に生まれ、生きた女性の寝室の面影を残す。階段を上り下りするとその落差は明白である。どれだけの決意が十九世紀の寝室から飛び出すために必要であったろう。

自己救済を告白し、新しい共同生活のなかで他者と関わり、物申す力を獲得していった先に、建国時、啓蒙思想の中から生まれた権利思想への批判が生まれた。この国はどうあるべきなのか。貧困、格差の拡大、不寛容、容赦ない産業社会と政治腐敗、戦争へと突き進むなかで、弱き者たちが忘れられている。神の存在も民主主義の哲学も、引きずり下して、争いの場にしたといかに非難されても、参加する民主主義と機能する民主主義と呼んだ「民主主義の社会化」をアダムズ特有の見事な語りで訴え続けた。地上のユートピアを求め続けたのである。

スイカズラの図柄
（ハル・ハウス内ジェーン・アダムズの寝室の壁紙）

思い出されるのは、ユートピアを描けるのは膨張主義の時代だけ、と語ったスカダーである。たしかに、膨張主義がもたらす豊かさの風潮の中で、夢見た未来だったろう。いや、アメリカは建国以来、国土の膨張を当たり前のように進め、その豊かさゆえに、自由と平等を「万人の」理想に掲げる国家像を描けた国だった。アダムズが指摘したように、限られた「万人」の、という矛盾をはらんで。共和国のその理念は膨張がもたらす豊かさと表裏一体だった。しかし、膨張主義のその先に見た帝国主義国家アメリカへの恐れ、そして現実となっていく参戦のなかで、戦争批判をくりひろげ、平和活動へと行動したアダムズは、いとも簡単にアメリカ社会から排除された。海外へと地平を広げる国家において、平和主義もそして、民主主義の見直しも、共和国の発端の問い直しも不要であった。アメリカはヨーロッパ列強とは異なる、アメリカを例外にしてきたその源が、独立宣言の理念で語られているからである。

ブロジェット家のパーラーから紐解いた十九世紀後半のアメリカは、南北戦争後の統一のうねりのなかで、新しい国家像を求めてきた。産業化、都市化、異人種、異教徒への不安から逃れ、新しい価値観を求めた姿は、今日のアメリカを考えるうえでも示唆に富む。

アメリカが大陸国家として勢いを増し、人種差別を容認する帝国へと邁進する時に、共和国として立ち上がった歴史の意味を問い続け、問い続けることの意味を教えてくれるアダムズの奮闘の軌跡と課題を問い直すことは意味のないことではないだろう。思い出してほしい。この時代に人々の熱狂を呼んだのは、人種差別集団「クー・クラックス・クラン」の誕生を描いた映画、『国民の創生』(一九一五年)だったのだ。原題を国家の誕生(Birth of Nation)という。リンカーンが奴隷制度を葬って、独立宣言の趣旨に立ち返れと、読み替えて生まれたその国を、新しい自由の誕生、と呼んだ、まさに誕生の一語が原題に使われていることの皮肉。D・W・グリフィスが監督であったことから、その映像技術の斬新さで映画史に残る名作といわれる。当時の大統領ウッドロウ・ウィルソンも絶賛した。

しかし、その内容は、南北戦争の傷を癒し、北と南が手を取り合えるのは、解放黒人排除の上に、白人のキリスト者世界の再生を謳うものだった。白人俳優を使ったあからさまな混血批判、白人男性の庇護のもとで守られる純潔な女性像の礼賛、描かれる黒人像は当時も今も上映が憚られる内容であろう。こうした映画が人々の心をつかんで離さなかった時代だった。本書最初に取り上げた、あのプロジェット家で「踊る黒人人形」をプレゼントされた長男に受け継がれた世界観なのだ。

本書で取り上げた人物たちを振り返ってみよう。新しい国家の文化戦略を担うメトロポリタン美術館、その副館長まで上り詰めたウィリアム・T・プロジェットは、ともに奴隷解放を願う画家イーストマン・ジョンソンとリンカーンの支援に奔走していた。しかし、描かれた家族の居間に潜む黒人蔑視の暗喩。解放黒人を意のままに動かせると信じるおごりがそこには隠されていた。

南北戦争後の社会変化とその混乱解決の糸口を、セイモア・イートンは青年教育に見出していた。共和国を担う次世代の若者、労働者に希望を託し、都市に上京する若者たちの不安に応えるための知識のマニュアルを作り続けた。広がる鉄道網は十九世紀のアメリカの発展を象徴する。駅舎を拠点に図書館のネットワークを構想し実現した。

しかし、イートンの試みの行き着いた先は、幼児向けに、大統領の勢いに便乗し、海外進出を美化し、帝国主義アメリカを推進する児童書を提供することであった。家庭で読まれる無害を装った幼児絵本に帝国の未来が忍び込んでいた。

ジョンとフランセスのグレスナー夫妻は、新しい時代にふさわしい新しいアメリカの建築に夢中になった。同時にそこでの新しい家族像を模索していた。しかし、その新居で、移民たちをあからさまに拒絶する。移民の召使いたちが側に存在するのに、見えない、見ない家庭環境を作り上げていった。

一方、新しい住まい方、新しい夫婦関係を模索したはずが、その家の娘は、成長すると両親の生き方を否定するかのような行動をとった。女性たちが家庭で殺される殺人現場を告発するかのように、人形による再現模型を作り続けたのである。まるで女性たちには女性の役割から逃れられない閉塞状況が続いているかのように。最後には法医学に基づく犯罪捜査と警察改革に自己の存在価値を求めていった。FBIの登場と歩調をあわせる確実な歩みとなって。
新しく到来した機会に、新しいアメリカ像を描いて取り組んだはずが、そのどれもが負の遺産となって今日に続いている。

そしてセツルメントの女性たちが取り組んだ課題の数々も同様である。労働に尊厳を、平等の社会を、寛容な精神に基づいた民主主義の実現をと試行錯誤を繰り返した女性たちの流れは静かに、確実に連邦政府へと力を移譲し、国家統一への流れを加速していった。こうして、彼らの足跡を振り返ると、この時代に模索した解決方法が、そして放置した未解決の課題が、今でもアメリカを苦しめ続けていることに気づくだろう。差別と貧困、格差の問題だけではない。キリスト教信仰のありよう、社会主義を寄せつけない発想の頑迷さ、寛容・平和・反戦を断罪するアメリカの姿である。

しかし、忘れてならないのは、彼らがどれだけ凄まじい環境のなかで、それでもあるべきアメリカ像を求め続けたかである。美術館、図書館、博物館、移民救済施設という名の市民センターづくり、どれもが、来るべきアメリカにふさわしい自由と平等を実現するために活かされるべき、新しいアメリカに貢献する施設づくりだった。共和国アメリカを支える新しい施設づくりだった。
しかし、その周りで日常茶飯事のように起こっていたのが、生きる尊厳をかけての暴動や労働争議だった。ブロジェット宅のすぐ側で吹き荒れたアイルランド人の徴兵反対暴動、グレスナー邸の目と鼻の先で起こったヘイマーケット事件、スターも参加したシカゴのストライキの数々、スカダーもやむに已まれず乗り込んだローレンスのストライキ、そしてアダムズが調停に走ったプルマンストライキ。イートンが鉄道で夢見たネットワーク、その担い手の巨大鉄鋼産業のホームステッドストライキも彼らの日常生活の中にあったことだろう。産業社会の発展がもたらす貧富の差、その底辺を担う移民たちの流入。自由と平等の松明を掲げる国家の台座は、かくも暴力に満ちている。

そしてその中にあって、他者に出会って変わる勇気、他者と関わって、エンパワーされることを信じ続けタブーに挑戦したアダムズを過去の人として葬ってはならないという思いに駆られる。なにより、アダムズの自己救済の告白は、恵まれていたはずの白人女性の境遇が男性社会の支配下に置かれていたこと、その事実と自らを曝け出すことだった。その転機を経て共生と平和への道へと歩んでいった。それは、移民の到来が発想の転換を生んでアメリカ社会を揺さぶり、変えてきたこととの証左でもある。排除ではなく受け入れることで変わるアメリカの可能性である。多様な人々の体験を反映する人権であれ、というメッセージの持つ意味は大きい。

今日、多様性を認めることが当たり前となり、「包摂」という用語が使われ始めている。「インクルージョン」、すべからく包んでつなぐ意である。その試みをハル・ハウスで実践しようとしたアダムズを百年以上の年月を経て再評価したい。民主主義に内在する平等を掲げる共和国の理念を問い直し、多くの人々の体験が生かされることを願う。そして、彼女が最後に行き着いたのは、反戦と平和であった。それは当時の社会から、いとも簡単に指弾されたが、民主主義のありようと拡大を問い続けた先に反戦と平和があることを、もう一度アメリカ社会に、そして我々に問いかけていることを確認したい。

最後に、永井荷風が「米国精神の保護者」と呼んだ、冒頭の「自由の女神像」を思い出してみよう。像は共和主義精神の永続を願ってフランスから贈られたものであった。当初、連邦政府に歓迎の熱気はなかったことは述べた。実は、仕上げたのは民間の力だった。音頭を取ったのはピュリッツァー賞創設で知られる新聞王、ジョゼフ・ピュリッツァーである。新聞の力で、寄付を募ったのである。子供たちまでもが、台座建造のために寄付をしたという。共和国の理念を支える台座づくりを担った市民の力。その市民の力が今まさに問われている。松明の理念に精彩を取り戻せるかという問いとともに。

2004, 口絵写真
・近隣調査の詳細を示す地図＊
The Residents of Hull-House, *Hull-House Maps and Papers : A Presentation of Nationalities and Wages in a Congested District of Chicago,Together with Comments and Essays on Problems Growing Out of the Social Conditions*, Urbana and Chicago:University of Illinois Press,p.59.
・ハル・ハウス周辺の移民居住区内、テナメントと呼ばれる安アパートの一室
Margaret Garb, "Regulating Urban Living," in *Chicago History* : *The Magazine of Chicago History Museum*, Spring 2008 volume xxxv, number 3, p.8
・拡張後のハル・ハウス平面図
The Many Faces of Hull-House, 口絵写真
・ハル・ハウスで上演されたシェークスピア劇（十二夜）
The Many Faces of Hull-House, Plate 39
・「プルマン・タウンの地図
Stanley Buder, *Pullman : An Experiment in Industrial Order and Community Planning 1880-1930*, New York, London, Toronto : Oxford University Press, 1967, p.76.
・プルマン企業都市を伝える新聞記事　April 27, 1880
Richard Schneirov, Shelton Stromquist, and Nkick Salvatore, *The Pullman Strike and the Crisis of the 1890's : Essays on Labor and Politics*, Urbana and Chicago ; University of Illinois Press,1999, p.93.
・晩年のアダムズと子供たち
The Many Faces of Hull-House, Plate 55.

●おわりに
・再建されたアダムズの寝室（兼展示室）
著者撮影（2014年）
・スイカズラ（忍冬）柄の壁紙（メイ・モリスのデザイン）＊
Honeysuckle Designed by May Morris, manufactured by Jeffry &Co., for Morris & Co.,c.1883, Anna Mason, Jan Marsh, Jenny Lister, Rowan Bain and Hanne Faurby, *May Morris : Arts & Crafts Designer*, London : V&A Publishing, 2017, p.63.

History, Fall 2005, Chicago : Chicago Historical Society, p. 6.
・スターの製本(Mortimer Rare Book Room, Smith College)
著者撮影(2012年)

●第5章

・世界に飛び出す新しい女性像をイメージした世界地図のイラスト
James Montgomery Flagg, "A Map of the World (as Seen by Him)," Illustration Cover of *Life* (March23,1905) in Martha H. Patterson, *Beyond the Gibson Girl : Reimagining the American New Woman, 1895-1915*, Urbana and Chicago : University of Illinois Press,p.181.
・ヴィーダ・ダットン・スカダー
Theresa Corcoran, *Vida Dutton Scudder*, Boston : Twayne Publishers, 1982
・トインビー・ホール
Peggy Glowacki and Julia Hendry, *Images of America : Hull-House*, Charleston, South Carolina : Arcadia Publishing, p.16
・ローレンスのストライキ
Robert Forrant and Susan Grabski, *Images of America : Lawrence and the 1912 Bread and Roses Strike*, Charleston, South Carolina : Arcadia Publishing, 2013, p.55.
・子供たちの時間を搾取する泥棒と資本家を糾弾するポスター
Robert Forrant and Susan Grabski, *Images of America : Lawrence and the 1912 Bread and Roses Strike*, Charleston, South Carolina : Arcadia Publishing, 2013, p.31
・「美しきアメリカ」の歌詞を記念したプレート
Lynn Sherr, *America the Beautiful : The Stirring True Story Behind Our Nation's Favorite Song*, New York : Public Affairs, 2001, p.108.
・「美しきアメリカ」の楽譜
America the Beautiful, sheet music, Lynn Sherr, p.111.

●第6章

・オバマ前大統領が娘に宛た手紙形式の絵本で紹介されたジェーン・アダムズ像
Barack Obama, *Of Thee I Sing : A Letter to My Daughters*, Illustrated by Loren Long, New York : Alfred A Knopf, 2010.
・移民を招き入れるハル・ハウスのレジデンツ
Peggy Glowacki and Julia Hendry, *Images of America : Hull House*, Charleston, Chicago, Portsmouth, San Francisco : Arcadia Publishing,

・グレスナー邸（一階・二階平面図）
Glessner House, p. 21.
・グレスナー邸（ダイニング・ルームからパーラー、図書室を見渡す）
Glessner House, p .43.
・グレスナー邸（中庭）
Botz, p .19.
・グレスナー邸（図書室）＊
Glessner House, p .38.
・グレスナー邸（サービス廊下）
著者撮影（2013年）
・グレスナー邸（使用人部屋）
著者撮影（2013年）
・グレスナー母子
John Jacob Glessner Collection, Chicago History Museum, Chicago, IL.
・フランセス・G・リー製作の現場検証用ドールハウス「納屋」
Botz,p.139.
・フランセス・G・リー製作の現場検証用ドールハウス「リビングルーム」
Botz,p.166.
・人形を製作するリー
Botz, p. 32.
・ニュー・ハンプシャー州の警察署長になったリー
Botz, p. 31.

●第4章

・ハル・ハウス開設間もない写真（1890年）
Peggy Glowacki and Julia Hendry, *Images of America : Hull House*, Charleston, South Carolina : Arcadia Publishing, 2004, p.16
・スターの製本作業場（ハル・ハウス内）＊
Ellen Gates Starr Papers, Sophia Smith Collection, Smith College
・労働博物館における実演（民族衣装を着て刺繍製作）
The Many Faces of Hull House : The Photographs of Wallace Kirkland, Edited by Mary Ann Johnson, Jane Addams Memorial Collection, The University Library of the University of Illinois at Chicago, 1989, Plate 9 .
・労働博物館における実演（昔ながらの糸紡ぎ）
The Many Faces of Hull House, Plate12.
・選挙時に配布した手札サイズのキャンペーンカード（表と裏）
Sherri Berger, "Bookbinding and the Progressive Vision," *Chicago*

Linda Mullins, *The Teddy Bear Men*, 2nd Edition, Grantsville, Maryland: Hobby House Press, Inc, 2002, p. 89.
・ドレクセル大学メインビルディングのエントランス・ホール
著作撮影(2012)
・回転式書架(タバード・イン図書館)
The Booklovers Magazine, Vol. IV. No IV. October, 1904 の広告欄に掲載
・タバード・イン所蔵図書のブックプレート(著者所蔵)
・ローズヴェルトと熊のイラスト
Washington Post, Nov.16, 1902. Linda Mullins, *The Teddy Bear Men: Theodore Roosevelt & Clifford Berryman*, Cumberland, Maryland: Hobby House Press, Inc.1987, p. 33.
・コロラドを出発する熊
Seymour Eaton, *More About Teddy B and Teddy G, The Roosevelt Bears*, (1906), Illustrated by R.K. Culver, Nostalgia, Larix International, 2001, p.11.
・ローズヴェルト大統領に面会する熊 *
Seymour Eaton, *More About Teddy B and Teddy G, Roosevelt Bears*, (1906), Illustrated by R.K. Culver, Nostalgia, Larix International, 2001, p.178.
・故郷に土産を持ち帰る熊
Seymour Eaton, *The Roosevelt Bears Go to Washington*, (Unabridged republication of *More About Teddy B and Teddy G* (1907), Illustrated by R.K. Culver, New York: Dover Publication Inc.1981, p.185.
・アンクル・サムと海外から帰国した熊
Seymour Eaton, *The Roosevelt Bears Abroad*, Illustrated by R.K. Culver, Philadelphia: Edward Stern & Co. Inc.1908, p.163.

●第3章

・ヘンリー・H・リチャードソン肖像画
Harrington and Hedrich-Blessing, p.7.
・プレイリー通りの邸宅のイラスト
William H. Tyre, *Images of America: Chicago's Historic Prairie Avenue*, Charleston, Chicago, Portsmouth, San Francisco: Arcadia Publishing, 2008, pp.22-23.
・グレスナー邸(プレーリー通りに面した正面)
Corinne May Botz, *The Nutshell Studies of Unexplained Death*, New York: The Monacelli Press, 2004, p.19.

1992, p. 62.

・上院議員ハイラム・R・レヴェルズの肖像画

Portrait of Hiram R. Revels, 1870, Guy C. McElroy, *Facing History; The Black Image in American Art 1710-1940*, San Francisco, Ca.: Bedford Arts, Publishers, 1990, p. 72.

・「狩猟に出るウィル・シュースターと黒人」トマス・エーキンズ画

Thomas Eakins, *Will Schuster and Blackman Going Shooting*, 1876, *Facing History*, p. 85.

・「働き蜂」ウィンスロー・ホーマー画

Winslow Homer, *Busy Bee*, 1875, *Facing History*, p. 79.

・黒人写真（デュボイス）

Types of American Negroes, Georgia, U.S.A. Compiled by W. E. B. Du Bois (1900)

Shawn Michelle Smith, "Photographing the 'American Negro': Nation, Race, and Photography at the Paris Exposition of 1900," Lisa Bloom, ed. *With Other Eyes: Looking at Race and Gender in Visual Culture*, Minneapolis and London; University of Minnesota Press, 1999, p.74.

・「画家の妻と彼の犬」トマス・エーキンズ画 *

Thomas Eakins, *The Artist Wife and His Setter Dog*, ca. 1884-89, Curators of American Wing, Metropolitan Museum of Art, *A Walk through the American Wing*, New Haven and London: Yale University Press, 2001, p. 176.

・「自画像」イーストマン・ジョンソン画

Eastman Johnson, *Self Portrait*, 1859, Patricia Hills, *Eastman Johnson*, New York: Clarkson N. Potter, INC. 1972,

・「南部黒人の生活」イーストマン・ジョンソン画

Eastman Jonson, *Negro Life at the South*, 1859, *Eastman Jonson: Painting America*, p. 120.

・「自由への脱出」イーストマン・ジョンソン画

Eastman Jonson, *A Ride for Liberty (The Fugitive Slaves)*, 1862, *Eastman Jonson: Painting America*, p. 137.

●第2章

・「リンカーンの少年時代」イーストマン・ジョンソン画 *

Eastman Johnson, *Boyhood of Lincoln*, 1868, Patricia Hills, *Eastman Johnson*, p. 48.

・セイモア・イートンの肖像 Professor Seymour Eaton (circa 1900)

【写真・図版一覧】
（掲載順、＊は口絵にも掲載）

●口絵のみ掲載

・グレスナー邸（プレイリー通りに面した正面）
Elaine Harrington and Hedrich-Blessing, *Henry Hobson Richardson : J. J.Glessner House*, p.24.
・再建されたハル・ハウス本館
著者撮影（2014年）
・フランセス・G・リー製作の現場検証用ドールハウス「レッド・ベッドルーム」解説図 Corinne May Botz, *The Nutshell Studies of Unexplained Death*, New York:The Monacelli Press, 2004, p.217.
・フランセス・G・リー製作の現場検証用ドールハウス「レッド・ベッドルーム」
Botz, p.215.
・フランセス・G・リー製作の現場検証用ドールハウス「ダーク・バスルーム」'ケース No.6,1896）
Botz,p.89.

●はじめに

・フィラデルフィア万国博覧会に展示されたトーチを持つ右腕
小田基『「自由の女神」物語』東京：晶文社、1998、p.125
・「世界を照らす自由の女神」エドワード・P・モラン画
Edward P.Moran, *Statue of Liberty Enlightening the World*, 1886, The Museum of the City of New York.

●第1章

・「デラウェア河を渡るワシントン」エマニュエル・ルッツ画
Emanuel Leutze, *Washington Crossing the Delaware*, 1851, The Metropolitan Museum of Art
・「クリスマス-タイム」イーストマン・ジョンソン画＊
Eastman Johnson, *Christmas - Time (Blodgett Family)*, 1864, The Metropolitan Museum of Art, Teresa A.Carbone, *Eastman Johnson : Painting America*, Rizzoli Int.Pub. 2000. p.63.
・ダンシング・トイ（黒人の少年）
Susan Boettger, "Eastman Johnson's 'Blodgett Family', and Domestic Values during the Civil War Era," *American Art*, Vol.6, No4. Fall

フローレンス・ケリー　Florence Kelley (1859 - 1932)
ジュリア・レイスロップ　Julia Lathrop (185801932)
アリス・ハミルトン　Alice Hamilton (1869 - 1932)
エディス・アボット　Edith Abbott (1876 - 1957)
グレイス・アボット　Grace Abbott (1878 - 1939)
ユージン・V・デブス　Eugene Victor Debs (1855 - 1926)
ジョージ・M・プルマン　George Mortimer Pullman (1831 - 1897)
フロイド・デル　Floyd Dell (1887 - 1969)
ジョン・デューイ　John Dewey (1859 - 1952)

グレイス・アボット　Grace Abbott (1878 - 1939)
ソフォニスバ・ブリッケンリッジ　Sophonisba P. Brickinridge (1866 - 1948)
サミュエル・ゴンパース　Samuel Gompers (1850 - 1924)
シドニー・ヒルマン　Sidney Hillman (1887 - 1946)
ユージン・V・デブス　Eugene Victor Debs (1855 - 1926)
ウィリアム・エラリー・チャニング　William Ellery Channing (1780 - 1842)
エリザ・スター　Eliza Starr (1824 - 1901)
ジェームズ・オティス・ハンティングトン　James Otis Huntington (1854 - 1935)
ウィラ・キャザー　Willa Cather (1873 - 1947)

第5章　ヴィーダ・ダットン・スカダーの「融合」

ジェームズ・モントゴメリー・フラッグ　James Montgomery Flagg (1877 - 1960)
キャサリーン・ベイツ　Katharine Lee Bates (1859 - 1929)
ヴィーダ・ダットン・スカダー　Vida Dutton Scudder (1861 - 1954)
トマス・カーライル　Thomas Carlyle (1795 - 1881)
マシュー・アーノルド　Mathew Arnold (1822 - 1888)
ジョン・ラスキン　John Ruskin (1819 - 1900)
ジョン・D・ロックフェラー　John Davison Rockefeller (1839 - 1937)
メアリー・ケニー・オサリヴァン　Mary Kenney O' Sullivan (1864 - 1943)
ホレース・スカダー　Horace Scudder (1836 - 1902)
フランセス・ウィラード　Frances Elizabeth Caroline Willard (1839 - 1898)
ジェームズ・オティス・ハンティングトン　James Otis Huntington (1854 - 1935)
ワシントン・グラデン　Washington Gladden (1836 - 1918)
ウォルター・ラウシェンブッシュ　Walter Rauschenbusch (1861 - 1918)
W・D・P・ブリス　William Dwight Porter Bliss (1856 - 1926)
エレン・ゲイツ・スター　Ellen Gates Starr (1859 - 1940)

第6章　ジェーン・アダムズの挑戦

マーティン・ルーサー・キング牧師　Martin Luther King Jr. (1929 - 1968)
ジェーン・アダムズ　Jane Addams (1860 - 1935)
エレン・ゲイツ・スター　Ellen Gates Starr (1859 - 1940)
シャーロット・パーキンス・ギルマン　Charlotte Perkins Gilman (1860 - 1935)
S. ウェア・ミッチェル　S. Weir Mitchell (1829 - 1914)

ジョージ・ハーヴェイ George Brinton McClellan Harvey (1864 - 1928)
ウッドロウ・ウィルソン (Thomas) Woodrow Wilson (1856 - 1924 在職1913 - 1921)

第3章　ジョン・J・グレスナー夫妻の理想郷

L・フランク・ボーム Lyman Frank Baum (1856 - 1919)
ジョン・J・グレスナー John J. Glessner (1843 - 1936)
ヘンリー・ホブソン・リチャードソンHenry Hobson Richardson (1836 - 1886)
ジョージ・M・プルマン George Mortimer Pullman (1831 - 1897)
マーシャル・フィールド Marshall Field (1834 - 1906)
アイザック・エルウッド・スコット Issac Elwood Scott (1845 - 1920)
チャールズ・F.・マッキム Charles F. Mckim (1847 - 1909)
スタンフォード・ホワイト Stanford White　(1853 - 1906)
ルイス・H・サリヴァン Louis H. Sullivan (1856 - 1924)
フランク・ロイド・ライト Frank Lloyd Wright (1867 - 1959)
ジョン・ラスキン John Ruskin (1819 - 1900)
ウィリアム・モリス William Morris (1834 - 1896)
フランセス・マクベス・グレスナー Frances Macbeth Glessner (1848 - 1932)
フランセス・グレスナー・リー Frances Glessner Lee (1878 - 1962)
ウィリアム・R・ハーパー William Rainey Harper (1856 - 1906)
ジョージ・バージェス・マグラス George Burgess Magrath (1870 - 1938)
E・S・ガードナー Earl Stanley Gardner (1889 - 1970)

第4章　エレン・ゲイツ・スターの抵抗

エレン・ゲイツ・スター　Ellen Gates Starr (1859 - 1940)
ジェーン・アダムズ　Jane Addams (1860 - 1935)
ジョン・ラスキン John Ruskin (1819 - 1900)
ウィリアム・モリス William Morris (1834 - 1896)
T・J・コブデン-サンダソン　Thomas James Cobden - Sanderson (1840 - 1922)
アーノルド・トインビー　Arnold Toynbee (1852 - 1883)
フローレンス・ケリー　Florence Kelley (1859 - 1932)
ジュリア・レイスロップ　Julia Lathrop (1858 - 1932)
アリス・ハミルトン　Alice Hamilton (1869 - 1932)
エディス・アボット　Edith Abbott (1876 - 1957)

【本書収録人名録】

第1章　ウィリアム・T・ブロジェットの奴隷解放

イーストマン・ジョンソン Eastman Johnson（1824-1906）
ウィリアム・T・ブロジェット William T. Blodgett（1823-1875）
エイブラハム・リンカーンAbraham Lincoln（1809-1865在職1861-1865）
フレデリック・ダグラスFrederick Douglass（1817-1895）
テオドア・カフマンTheodor Kaufman（1814-1877）
ハイラム・R・レヴェルズ Hiram Rhodes Revels（1827-1901）
トマス・エーキンズ Thomas Eakins（1814-1877）
ウィンスロー・ホーマー Winslow Homer（1836-1910）
W・E・B・デュボイス W.E.B. DuBois（1868-1963）
チャールズ・L・ブレイス Charles Loring Brace（1826-1890）

第2章　セイモア・イートンの青年教育

セイモア・イートン Seymour Eaton（1859-1916）
アンソニー・J・ドレクセル Anthony Joseph Drexel（1826-1893）
セオドア・ローズヴェルトTheodore Roosevelt（1858-1919 在職1901-1909）
ウィンストン・チャーチル Winston Churchill（1871-1947）
ジュリア・ワード・ハウ Julia Ward Howe（1819-1910）
ジェームズ・ラッセル・ローウェル James Russell Lowell（1819-1891）
ベンジャミン・フランクリン Benjamin Franklin（1706-1790）
ウィリアム・ペン William Penn（1644-1718）
ニューマン・ホール Christopher Newman Hall（1816-1902）
ジョセフ・パーカー Joseph Parker（1830-1902）
ジェイコブ・リース Jacob August Riis（1849-1914）
ブッカー・T・ワシントン Booker T. Washington（1856-1915）
ジョサイア・フリント Josiah Flint（1869-1907）
アンドリュー・カーネギー Andrew Carnegie（1835-1919）
リチャード・ワトソン・ギルダー Richard Watson Gilder（1844-1909）
チャールズ・スクリブナー Charles Scribner（1821-1871）
エドワード・ボック Edward Bok（1863-1930）

Christianity," *Church History* 84: 1 (March 2015) p. 210. ハル・ハウスにおける演劇の教育効果を取り上げたのは Shannon Jackson, *Lines of Activity: Performance, Historiography, Hull - House Domesticity*, Ann Arbor: University of Michigan Press, 2000.

*75 John Dewy to Alice Dewy Oct. 9 and 10, 1894 quoted in Brown, *The Pullman*, p. 148.

*76 Addams, *The Spirit of Youth and the City Streets* (1909), Urbana and Chicago: University of Illinois Press, 1972, p. 146.

Extention Course 1891 - 1892, by Ellen Gates Starr," Mary Jo Deegan and Ana - Maria Wahl eds. *Ellen Gates Starr: On Art, Labor and Religion*, New Brunswick and London: Transaction Publishers, 2003, pp. 217 - 218.

*60 Addams, *Twenty Years*, p. 127.

*61 Richard Schneirov, Shelton Stromquist, and Nick Salvatore eds. *The Pullman Strike and the Crisis of the 1890s: Essays on Labor and Politics*, Stanley Buder, *Pullman: an Experiment in Industrial Order and Community Planning 1880 - 1930*, New York, London, Toronto: Oxford University Press, 1967.

*62 Addams, *A Newer Ideals of Peace*, p. 146.

*63 Addams, *A Modern Lear*, *A Newer Ideals of Peace*, 147.

*64 同じ良心の呵責(compunction)を共有し、根底で両者は同じ運動をめざしている、とした。*A Modern Lear*, p. 22.

*65 Addams, *A Modern Lear*, p. 20.

*66 Richard Ely, "Pullman: A Social Study, 1885," *Harper's New Monthly Magazine*, 70, 1885, pp. 452 - 66.

*67 Louis Menard, *The Metaphysical Club: A Story of the Ideas in America*, New York: Farrar, Straus and Giroux, 2001, Chapter 12, "Chicago". (野田良平、那須耕介、石井素子訳『メタフィジカル・クラブ――米国100年の精神史』、東京：みすず書房、2011）で批判を展開している。

*68 Cheryl Hudson, "The 'Un - American Experiment: Jane Addams's Lessons from Pullman," *Journal of American Studies*, 47, 2013, pp. 4903 - 929, Cambridge University Press.

*69 Victoria Brown, "Advocate for Democracy: Jane Addams and Pullman Strike," Richard Schneirov, Shelton Stromquist, and Nick Salvatore eds. *The Pullman Strike and the Crisis of the 1890's: Essays on Labor and Politics*, Urbana and Chicago, University of Illinois Press, 1999.

*70 Addams, *A Newer Ideals of Peace*, p. 137.

*71 Addams, *A Modern Lear*, p. 5

*72 Addams, *A Modern Lear*, p. 23.

*73 Addams, *A Modern Lear*, p. 24.

*74 Rima Lunin Schultz, "Jane Addams, Apotheosis of Social

in the United States during the First World War," *History of Education*, Vol. 46, No. 6, pp. 713-728, 2013.

＊55 Victoria Brown, "Advocate for Democracy: Jane Addams and Pullman Strike," Richard Schneirov, Shelton Stromquist, and Nick Salvatore eds. *The Pullman Strike and the Crisis of the 1890's: Essays on Labor and Politics*, Urbana and Chicago: University of Illinois Press, 1999.

＊56 革新主義時代の移民対応を強制的と指摘した研究史はジョン・ハイアムから始まるだろう。John Higham, *Strangers in the Land: Patterns in American Nativism, 1860-1925*, New York: Antheneum, 1965, Gary Gerstle, *American Crucible: Race and Nation in the Twentieth Century*, Princeton: Princeton University Press, 2001, Jeffrey Mirel, *Patriotic Pluralism: Americanization, Education and European Immigrants*, Cambridge, MA: Harvard University Press, 2010. 一方、多様性を視野に入れたハル・ハウスの教育環境とその実践はカリキュラムや教育方面からも研究が進む。Petra Munro Hendry, *Engendering Curriculum History*, New York and London: Routledge, 2011. 異文化理解の嚆矢と評価するものが増えた。強制的なのか、民主的なのかの両天秤は、革新主義と呼ばれるこの時代の改革の動向に対する評価とともに揺れる。市民教育においては、Kevin Mattson, *Creating a Democratic Public: The Struggle for Urban Participatory Democracy during the Progressive Era*, University Park: Pennsylvania State University, 1998. Kathryn L. Wegner, "Progressive Reformers and the Democratic Origins of Citizenship Education in the United States during the First World War," *History of Education*, Vol. 46, No. 6, pp. 713-728, 2013. デューイをはじめこの時期の教育への取り組みの全体像は、Lawrence A. Cremin, *The Transformation of the School: Progressivism in American Education, 1876-1957*, New York: Vintage Books. 1964.

＊57 Shannon Jackson, *Lines of Activity: Performance, Historiography, Hull-House Domesticity*, Ann Arbor: University of Michigan Press, 2000.

＊58 Addams. *A Modern Lear* (1912), Jane Addams Hull-House Museum, 1994.

＊59 Ellen Gates Starr, "Syllabus of the Tragedy of *King Lear*, College

Patriotism: Debating American Identity, 1890 - 1920, Chicago and London: University of Chicago Press, 2003. “rights are not ‘inalienable’ but hard - won in the tragic processes of experience” と、独立宣言の文言を思わせる箇所の批判は*Newer Ideals of Peace*, p. 32.

＊51 Davis, “From Saint to Villain,” “The Most Dangerous Women,” Chapter8 and 9 in *American Heroine*, Jane Addams, *Peace and Bread in Time of War* (1922), Urbana and Chicago: University of Illinois Press, 2002. Kathryn Kish Sklar, “Jane Addams’ s Peace Activism, 1914 - 1922: A Model for Women Today,” *Women's Studies Quarterly*, Vol. 23, No. 3/4, Rethinking Women's Peace Studies (Fall - Winter, 1995), pp. 32 - 47. Kathryn Kish Sklar, “ ‘Some of Us Who Deal with the Social Fabric': Jane Addams Blends Peace and Social Justice, 1907 - 1919,” *The Journal of the Gilded Age and Progressive Era*, Vol. 2 No. 1 (Jan., 2003), pp. 80 - 96.

＊52 “Address of Miss Addams at Carnegie Hall (July 17, 1915),” *The Jane Addams Reader*, New York: Basic Books, 2002. pp. 327 - 340.

＊53 Sherry R. Shepler and Anne F. Mattina, “Paying the Price for Pacifism: The Press’ s Rhetorical Shift from “Saint Jane” to “The Most Dangerous Woman in America,” *Feminist Formations*, Vol. 24 No1 (Spring2013) pp. 154 - 171. Edith E. LeFebvre, “Jane Addams: Peace Activist, Intellectual, and Nobel Prize Winner,” in Colleen E. Kelly and Anna L. Eblen eds. *Women Who Speak for Peace*, Lanhm/Boulder/New York/Oxford: Rowman & Littlefield Publishers, INC, 2002, pp. 37 - 52.

＊54 セツルメントがその力を注いた市民教育の末路は今後も検証が必要である。戦時中進んだ移民対策の一つが敵国からの移民を対象にした市民教育であった。連邦主導で行われた市民権のための教育は、参加型重視であり、アメリカの民主主義に根差した教育であったと評価されている。戦時でも、市民権獲得にいたる教育にアダムズらの思いが反映されたとしている。ちなみに、戦時、戦後の移民教育を統括していったのは、ハル・ハウス、カレッジ・セツルメントの双方で活躍したフランシス・ケラーである。Kathryn L. Wegner, “Progressive Reformers and the Democratic Origins of Citizenship Education

持する女性たちを取り上げ、過激な方法を取るのではなく、穏健な方法ですすめるアダムズの方法をこのようによんだ。

*41 Addams, "Women's Memories: Reacting on Life as Illustrated by the Story of the Devil Baby," "Women's Memories: Disturbing Conventions," Chapter2 and 3 in Addams, *The Long Road of Woman's Memory*, (1916), Urbana and Chicago: University of Illinois Press, 2002.「美しい」の一語はp. 35。

*42 Maurice Hamington, *The Social Philosophy of Jane Addams*, Urbana and Chicago: University of Illinois Press, 2009. p.198, note17.

*43 Heather Ostman, "Maternal Rhetoric in Jane Addams's Twenty Years at Hull House," *Philological Quarterly*, Vol. 85, (Summer 2006), pp. 343 - 370. Marilyn Fischer, "Addams's International Pacifism and the Rhetoric of Maternalism," *NWSA Journal*, Vol. 18, NO3, 2006, pp. 1 - 19. 批判を受けてきた女性性、母性に関しては、むしろ戦略的に使ったとしている。こうした手法は、アダムズ流の共感を呼び起こすスピーチづくりにも言えるだろう。

*44 Jane Addams, "Prefetory note," *Democracy and Social Ethics* (1902).

*45 Addams, *The Spirit of Youth and City Streets* (1909), Urbana and Chicago: University of Illinois Press, 1972, p. 146.

*46 Seth Koven and Sonya Michel eds. *Mothers of the New World: Maternalist Politics and the Origin of Welfare State*, New York: Routledge, 1993.

*47 Addams, *Newer Ideals of Peace*, ChapterII.

*48 Addams, *Democracy and Social Ethics*, p. 11.

*49 Victoria Bissell Brown, *The Education of Jane Addams*, Philadelphia : University of Pennsylvania, 2004, p. 264, p. 390 note77. Lima Lunin Schultz, "Jane Addams, Apotheosis of Social Christianity," *Church History*, 84 : 1, March 2015, pp.207 - 215.

*50 Addams, *Newer Ideals of Peace*, Marilyn Fischer, "Conceptual Scaffolding of Newer Ideals of Peace," Marillyn Fischer, Carol Nackenoff and Wendy Chmielewski eds. *Jane Addams and the Practice of Democracy*, Urbana and Chicago: University of Illinois Press, 2009, pp. 165 - 162, Jonathan M. Hanse, *The Lost Promise of*

June30. 1900, pp. 1 - 4.

＊31 Addams, *Newer Ideals of Peace*, p. 141.

＊32 Addams, *Twenty Years*, p. 88, *Newer Ideals of Peace*, p. 20.

＊33 Addams, *Twenty Years*, p. 80 - 88, ハル・ハウスでのキリスト教に関するアダムズの講義に向けられた批判に言及するのは、Victoria Bissell Brown, *The Education of Jane Addams*, Philadelphia: University of Pennsylvania Press, 2004. p264, p. 390 Note77. 以降教会から招待されなくなったことを伝えている。

＊34 Allen F. Davis, *Spearheads for Reform: The Social Settlements and the Progressive Movement 1890 - 1914*, New York, London, Toronto: Oxford University Press, 1967.

＊35 Katherine Joslin, *Jane Addams: A Writer's Life*, Urbana and Chicago: University of Illinois Press, 2004, pp. 29 - 30.

＊36 Mary Lynn McCree Bryan and Allen F. Davis eds. *100 Years of Hull - House*, Bloomington and Indianapolis: Indiana University Press, 1969, pp. 6 - 7.

＊37 Cecelia Tichi, *Civic Passions: Seven Who Launched Progressive America (And What They Teach Us)*, Chapel Hill: The University of North Carolina Press, 2009. Kathryn Kish Sklar, *Florence Kelly and the Nation's Work: The Rise of Women's Political Culture, 1830 - 1900*, New Haven: Yale University Press, 1995, Kathryn Kish Sklar ed. *Notes on Sixty Years: the Autobiography of Florence Kelly*, Chicago: Charles H. Kerr Publishing Company, 1986, Barbara Sicherman, *Alice Hamilton: A Life in Letters*, Urbana and Chicago: University of Illinois Press, 1984, Kathlean Banks Nutter, *The Necessity of Organization: Mary Kenney O'Sullivan and Trade Unionism for Women, 1892 - 1912*, New York and London: Garland Publishing Inc., 2000.

＊38 Addams, *A Modern Lear* (1912), Jane Addams' Hull - House Museum, 1994, p. 5.

＊39 Addams, "Subjective Necessity for Social Settlements (1892)," *The Jane Addams Reader*, New York: Basic Books, 2002, pp.14 - 28. *Twenty Years*, Chapter 6.

＊40 Floyd Dell, *Women as World Builders: Studies in Modern Feminism*, Chicago: Forbes and Company, 1913, p. 35. 参政権を支

and the Making of "The Yellow Wall-Paper," Oxford and New York: Oxford University Press, 2010.

＊22 Addams, "The Snare of Preparation," *Twenty Years at Hull House*, chap. 4 , Mary Lynn McGree Bryan, Barbara Bair, and Maree De Angury eds. *The Selected Papers of Jane Addams*, Vol. 2. Venturing into Usefulness, 1881-88, Urbana and Chicago: University of Illinois Press, 2009.

＊23 Addams, *Twenty Years at Hull House*.

＊24 Jane Addams to Mary Catherine Addams Linn, March 13, 1889, in Rima Lunin Schultz, "Jane Addams: Apotheosis of Social Christianity," *Church History* 84: 1 (March, 2015) pp. 207-219, p. 215.

＊25 Addams, "The Subjective Necessity for Social Settlements (1892)," Jean Bethke Elshtain, ed. *The Jane Addams Reader*, New York: Basic Books, 2002, pp. 14-28.

＊26 世紀末のシカゴについてはDonald L. Miller, *City of the Century: The Epic of Chicago and the Making of America*, New York: Torchstone, 1996, 劣悪な環境におけるセツルメントの設立の意義を語るのは、Addams, "The Objective Value of a Social Settlement," *The Jane Addams Reader*, New York: Basic Books, 2002. pp. 29-45.

＊27 Residents of Hull House, *Hull-House Maps and Papers* (1895), Urbana and Chicago, University of Illinois Press, 2007.

＊28 Alan Trachtenberg, *The Incorporation of America: Culture and Society in the Gilded Age*, New York: Hill and Wang, 1982.

＊29 "Introduction," Mary Jo Deegan and Ana-Maria Wahl eds. *Ellen Gates Starr: On Art, Labor, and Religion*, New Brunswick and London: Transaction Publishers, 2003, pp. 29-30. アダムズの周辺に集った、専門職の人々をはじめ、社会科学における実績を重視する研究はMary Jo Deegan, *Jane Addams and the Men of the Chicago School, 1892-1918*, New Brunswick: Transaction Books, 1990, Helen Silverberg ed. *Gender and American Social Science: The Formative Years*, Princeton: Princeton University Press, 1998. アメリカ社会学成立初期にみられた福祉先行型の研究動向にハル・ハウスの貢献をみている。

＊30 Addams, "Labor Museum at Hull House," *The Commons*, 47, idealism was of the type that is afraid of experience) との指摘は p. 32, 35. *Newer Ideals of Peace*, chapter II. Maurice Hamington, "Addams's Radical Democracy: Moving Beyond Rights," *Journal of Speculative Philosophy*, Vol. 18, No. 3, 2004, pp. 216 - 223.

*14 Linda K. Kerber, "The Republican Mother: Women and the Enlightenment—An American Perspective," *American Quarterly*, Vol. 28, No. 2, Special Issue (Summer 1976), pp. 187 - 205.

*15 Barbara Welter, "The Cult of True Womanhood: 1820 - 1870," in Nancy F. Cott, ed. *History of Women in the United States*, Vol. 4. Domestic Ideology and Domestic Work Part 1, Munich, London, New York, Paris: K. G. Saur, 1992, 48 - 71.

*16 Nitza Berkovitch, *From Motherhood to Citizenship: Women's Rights and International Organizations*, Baltimore and London: The John Hopkins University Press, 1999.

*17 Charlotte Perkins Gilman, *The Yellow Wallpaper (1892) and Other Stories*, New York: Dover, 1997.

*18 Jan Jennings, "Controlling Passion: The Turn - of - the - Century Wallpaper Dilemma," *Winterthur Portfolio*, Vol. 31, No. 4, Gendered Spaces and Aesthetics (Winter, 1996), pp. 243 - 264. Kate Sanborn, *Old Time Wall Paper: an Account of the Pictorial Papers on our Forefathers Walls with a Study of the Historical Development of Wall Paper Making and Decoration*, New York: E. P. Dutton & Company, 1908.

*19 Marty Roth, "Gilman' s Arabesque Wallpaper," *Mosaic: a Journal for the Interdisciplinary Study of Literature* 34. 4 (Dec. 2001): 145 - 162.

*20 Michael Blackie, "Reading the Rest Cure," *The Arizona Quarterly*, Vo. 60, No. 2, (Summer 2004), pp. 57 - 85. Nancy Cervetti, *S. Weir Mitchell, 1829 - 1914: Philadelphia Literary Physician*, University Park: Pennsylvania State University Press, 2012.

*21 Charlotte Perkins Gilman, *The Living of Charlotte Perkins Gilman: An Autobiography by Charlotte Perkins Gilman* (1935), Madison, Wisconsin: The University of Wisconsin Press, 1990. Helen Lefkowitz Horowitz, *Wild Unrest: Charlotte Perkins Gilman*

ーシャルワークの源流をアダムズにみるのは、木原活信著『J. アダムズの社会福祉実践思想の研究』(東京：川島書店、1997)。女性同士の関係性に重点を置き「シスターフッド」のカリスマとしてアダムズを称える研究とその限界を指摘する著作は多い。Anne Firor Scott, *Natural Allies: Women's Associations in American History*, Urbana: University of Illinois Press, 1992, Robyn Muncy, *Creating a Female Dominion in American Reform, 1890 - 1935*, New York: Oxford University Press, 1991, Eleanor J. Stebner, *The Women of Hull House: A Study in Spirituality, Vocation and Friendship*, Albany: State University of New York Press, 1997, Charlene Haddock Seigfried, "Introduction to the Illinois Edition" in Jane Addams, *The Long Road of Woman's Memory*, Urbana and Chicago: University of Illinois Press, 2002. いっぽう、移民が語るアダムズ像は、Hilda Satt Polacheck ed. Dena J. Polacheck Epstein, *I Came a Stranger: The Story of a Hull - House Girl*, Urbana and Chicago: University of Illinois Press, 1989, ハル・ハウスで移民が平等に扱われていたことを強調する。白人女性集団の異文化蔑視を否定した著作の例である。階級差を越えた女性の連帯を挙げる著作も増えた。例えば、Maureen A. Flanagan, *Seeing With Their Hearts: Chicago Women and the Vision of the Good City 1871 - 1933*, Princeton: Princeton University Press, 2002.

＊7 Addams, *Democracy and Social Ethics* (1930), Urbana and Chicago: University of Illinois Press, 2002, pp. 11 - 12

＊8 Addams, "Hull House of Chicago: An Effort toward Social Democracy," *Forum* 14 (Oct. 1892), 226.

＊9 Addams, *Democracy and Social Ethics*, p. 11.

＊10 Addams, *Democracy and Social Ethics*, Charline Haddock Seigfreid, "Introduction to the Illinois Edition," *Democracy and Social Ethics*, xii - xiii.

＊11 「個人的なことは政治的なこと」、第２次フェミニズムのスローガンの一つ。

＊12 Addams, *Newer Ideal of Peace* (1907), London: Macmillan & Co, p. 9 - 11.

＊13 不十分(inadequacy), 弱点(weakness)等の用語はp. 31, 人々の経験を恐れて取り込めない人権の考え方が落ち度である(Because their

第6章　ジェーン・アダムズの挑戦

＊1　Jane Addams, *Twenty Years at Hull-House with Autobiographical Notes* (1910), Urbana and Chicago: University of Illinois Press, 1990.『ハル・ハウスの20年』財団法人市川房枝記念会訳 1996

＊2　Barak Obama, *Of Thee I Sing: A Letter to My Daughters*, New York: Alfred A. Knopf, 2010. 絵本のやさしい言葉で文化的、人種的背景の異なる男女を取上げ、出自が異なっても、皆家族、それが今日のアメリカであると解説している。

＊3　Rima Lunin Schultz. "Jane Addams: Apotheosis of Social Christianity," *Church History*, 84: 1, March 2015, pp. 207-219.

＊4　Matthew Frye Jacobson, *Barbarian Virtures: The United States Encouters Foreign Peoples at Home and Abroad, 1876-1917*, New York: Hill&Wang, 2000. Kristia L. Hoganson, *Fighting for American Manhood: How Gender Politics Provoked the Spanish-American and Philippine-American Wars*, New Haven: Yale University Press, 2000.

＊5　Jane Addams, *Newer Ideal of Peace*, New York: The Macmillan Company, 1907, p. 17.

＊6　アダムズの伝記には甥が残したJames Weber Linn, *Jane Addams: A Biography* (1938), Urbana and Chicago: University of Illinois Press, 2000. がある。アダムズの全体像を知るにはAllan F. Davis, *American Heroine: The Life and Legend of Jane Addams*, New York: Oxford University Press, 1973. 多くの礼賛型伝記とは異なり、アダムズ自身がヒロイン像を演出したとしている。社会福祉、社会改革におけるアダムズの貢献に関する研究は、Seth Koven and Sonya Michel eds. *Mothers of the New World: Maternalist Politics and the Origin of Welfare State*, New York: Routledge, 1993, Kathryn Kish Sklar, *Florence Kelly and the Nation's Work: The Rise of Women's Political Culture, 1830-1900,* New Haven: Yale University Press, 1995. 女性労働保護法に代表される成果を認めながらも、女性を母性としてのみ捉える限界を指摘する。後者は改革運動の過程で「女性政治文化」を作り上げたとアダムズの側近で改革を支えたフローレンス・ケリーを評価した。日本への社会福祉思想への影響を含めてソ

Science of Reform in America's Progressive Era," in *Journal of History of the Behavioral Science*, Vol. 48 (4), Fall, 2012, pp. 339-362.

＊34 *A Different Call*, pp. 147 - 53. T. J. Jackson Lears, *No Place of Grace*, pp. 209 - 215.

＊35 Vida Dutton Scudder, *Saint Catherine of Siena as Seen in Her Letters*, London: J. M. Dent and Co., 1905, pp. 1 - 17, *On Journey*, pp. 241 - 244, Markwell, *The Anglican Left*, pp. 199 - 205.

＊36 Vida Dutton Scudder, *The Franciscan Adventure: A Study of the First Hundred Years of Order of St. Francis of Assisi*, London: J. M. Dent and Co., 1931, Vida Dutton Scudder, "The Franciscan Adventure." *The Atlantic Monthly* 145, June, 1930, 808 - 819, *On Journey*, pp. 311 - 329.

＊37 Vida Dutton Scudder, *Socialism and Character*, Boston: Houghton, Mifflin and Co.1912, p. 94, p. 108, Vida Dutton Scudder, "Socialism and Sacrifice." *The Atlantic Monthly* 105, June, 1910, 836 - 49, Lears, p. 213.

＊38 Vida Dutton Scudder, *Father Huntington: Founder of the Order of the Holy Cross*, New York: E. P. Dutton and Co. 1940, p. 113. p. 286, p. 293.

＊39 *Father Huntington*, p. 303, p. 317, Lynn Sherr, *America The Beautiful: The Stirring True Story Behind Our Nation's Favorite Song*, New York: Public Affairs, 2001.

＊40 Vida Dutton Scudder, "Anglican Thought on Property," in Joseph F. Fletcher ed. *Christianity and Property*, Philadelphia: The Westminster Press, 1947, pp. 124 - 150.

＊41 "Anglican Thought," p. 145, *The Anglican Left*, p. 240.

＊42 Vida Scudder to Ellen Gates Starr, Feb 26, 1922, Quoted in Corcoran, p. 68.

＊43 Scudder, *My Quest for Reality: Wellesley—By the Author*, 社会党員であり続けたことは、Sheryl A. Kujawa - Holbrook, " Introduction of Vida Scudder, 'Social Teachings of the Christian Year'," *Anglican Theological Review*, Jan. 1997, pp. 5 - 7.

Banks Nutter, *The Necessity of Organization: Mary Kenney O'Sullivan and Trade Unionism for Women, 1892 - 1912*, New York and London: Garland Publishing Inc. , 2000.

＊26 Vida Dutton Scudder, *A Listener in Babel: Being a Series of Imaginary Conversations*, Boston: Houghton, Mifflin and Co. 1903, *On Journey*, p. 79.

＊27 今日ではソーシャル・ゴスペル小説といわれるものであろう。Randi R. Warne, *Literature as Pulpit*, Waterloo, Ontario, Canada：Wilfrid Laurier University, 1993.

＊28 *Lister in Babel*, Chapter 3, Academic Mind, p. 57. p. 60.

＊29 *Lister in Babel*, Chapter 9, The Labor Leader

＊30 *Lister in Babe*l, Chapter 8, A Talk with Pastor、O・T・S・ハンティングトン神父を思わせる、神父との出会いはp. 252.

＊31 Robert Forrant and Jurg Siegenthaler eds. *The Great Lawrence Textile Strike of 1912*, Amityville, New York: Baywood Publishing Co, Inc. , 2014. "For Justice Sake," Apr. 6 1912, *Survey*, pp.77 - 79.「サーヴェイ」はスカダーの穏健な内容を知らせるため、全文を掲載した。*On Journey*, p. 187.

＊32 *On Journey*, p. 189.

＊33 ソーシャル・ゴスペルに関しては、近年、それまでの関心のなさから一転、多方面の影響力とその可能性をみる方向に変わってきている。前掲Christopher H. Evans, *Social Gospel in American Religion: History*, 2017. 社会的関心と地上におけるユートピア実現の夢、それがアメリカ社会において可能であるとする共通信念がアメリカのナショナリズムを形作っていくとする視点は、スカダーと共通するものである。革新主義運動との動向を中心にみたものに、Donald K. Gorrell, *The Age of Social Responsibility: The Social Gospel in the Progressive Era 1900 - 1920*, Macon, Georgia: Mercer University Press, 1988. ジェンダーの視点からその影響力を確認し、さらに今日までつづくアフリカ系アメリカ人の教会活動に言及したものに、前掲 *Gender and the Social Gospel*, Susan Hill Lindley, "Neglected Voices and Praxis in the Social Gospel, " in *The Journal of Religious Ethics* 18 (Spring 1990) : 75 - 101. 社会学誕生のルーツをみるものに、Joyce E. Williams and Vicky M. Maclean, "In Search of the Kingdom: the Socail Gospel, Settlement, Sociology and the

North Country Press, 1952.

*12 Vida Dutton Scudder, *Saint Catherine of Siena as Seen in Her Letters*, London: J. M. Dent and Co., 1905、Vida Dutton Scudder, "The Franciscan Adventure," *The Atlantic Monthly* 145, June, 1930, 808 - 19.

*13 *On Journey*, pp. 10 - 14. VDS and FMB (Frona M. Brooks), *Mitsu-Yu Nissi, or Japanese Wedding*, Boston: H. A. Young. Co., 1888. ミツは「奴隷のような日本女性を高めなければ」と決意している。日本観、ジャポニズムの影響が顕著な作品でもある。

*14 *On Journey*, p. 65.

*15 *On Journey*, p. 78, p. 91. Edward Norman, *The Victorian Christian Socialists*, Cambridge: Cambridge University Press, 1987, James Dombrowski, *The Early Days of Christian Socialism in America*, New York: Octagon books, Inc. 1966, Stuart Eales, *After Ruskin: The Social and Political Legacies of A Victorian Prophet, 1870 - 1920*, Oxford: Oxford University Press, 2011.

*16 *On Journey*, pp. 147 - 148.

*17 *On Journey*, p. 103, pp. 121 - 123.

*18 Vida Dutton Scudder, *Social Ideals in English Letters*, p. 205, p. 210.

*19 *On Journey*, p. 189.

*20 *On Journey*, p. 155.

*21 Allen F. Davis, *Spearheads for Reform: The Social Settlements and the Progressive Movement, 1890 - 1914*, New York: Oxford University Press, 1967, Barbra Miller Solomon, *In the Company of Educated Women: A History of Women in Higher Education in America*, New Haven, CT: Yale University Press, 1985, Carroll Smith - Rosenberg, *Disorderly Conduct: Visions of Gender in Victorian America*, New York: Oxford University Press, 1985.

*22 *On Journey*, pp. 146 - 150.

*23 *On Journey*, p. 181.

*24 *On Journey*, p. 156.

*25 Nancy Schrom Dye, *As Equals and As Sisters: Feminism, The Labor Movement, and the Women's Trade Union League of New York*, Columbia: University of Missouri Press, 1980, Kathleen

＊4 Elizabeth L. Hinson - Hasty, *Beyond the Social Maze: Exploring Vida Dutton Scudder's Theological Ethics*, New York and London: T & T Clark International, 2006, Teresa Corcoran, *Vida Dutton Scudder*, Boston: Twayne, 1982, Wendy J. Deichmann Edwards and Cardyn De Swarte Gifford eds. *Gender and the Social Gospel*, Urbana and Chicago: University of Illinois press, 2003, Christopher H. Evans, *The Social Gospel in American Religion: A History*, New York: New York University Press, 2017.

＊5 Peter J. Frederick, *Knight of the Golden Rule: The Intellectual as Christian Social Reformer in the 1890's*, Lexington, Kentucky: The University Press of Kentucky, 1976, Mary Sudman Donovan, *A Different Call: Women's Ministries in the Episcopal Church 1850 - 1920*, Wilton, CT: Morehouse - Barlow, 1986, Bernard Kent Markwell, *The Anglican Left: Radical Social Reformers in the Church of England and The Protestant Episcopal Church, 1846 - 1954*, Brooklyn, New York: Carlson Publishing Inc., 1991.

＊6 T. J. Jackson Lears, *No Place of Grace: Antimodernism and the Transformation of American Culture, 1880 - 1920*, Chicago: The University of Chicago Press, 1981.

＊7 Vida Dutton Scudder, *On Journey*, New York: E. P. Dutton and Co., 1937, p. 171, p. 191. 著作を通して、fusion, co - operation, reconciliation が使われている。

＊8 *On Journey*, p. 126.

＊9 *On Journey*, p. 137. 膨張主義に言及しているのは、Scudder, *Social Ideals in English Letters*, Boston: Houghton, Mifflin and Co. 1898, p. 331.

＊10 Vida Dutton Scudder, *Social Ideal in English Letters*, Boston: Houghton, Mifflin and Co. 1898.

＊11 Vida Dutton Scudder, *A Listener in Babel: Being a Series of Imaginary Conversations*, Boston: Houghton, Mifflin and Co. 1903 とVida Dutton Scudder, *On Journey*, New York: E. P. Dutton and Co., 1937は対照的な自伝の形を取っている。前者は自分探しの姿を、後者は振り返って正当化する過程を語る。最後に探し求めた結果が立ち現われたと語ったのはVida Dutton Scudder, *My Quest for Reality: Wellesley—By the Author*, Saint Albans, Vermont: At the

Press, 1997, p. 128. 模倣、画一化したアメリカの教会建築・内装、流れる音楽に堪えてなお、改宗したいと皮肉をこめてスターは語っている。

＊50 "A Bypath into the Great Roadway," p. 176.

＊51 *Ibid*, pp. 177 - 178.

＊52 *Ibid*, pp. 179 - 180. 修道会献身者(Oblate)となって1940年に永眠。

＊53 Willa Cather, *Death Comes for the Archbishop* (1927), New York: Vintage Books, 1990. 神父の一人はサンタフェ最初の大司教、フランス人、ジーン・バプティスト・レイミーをモデルにしたと言われる。

＊54 Hoy, p. 38.

＊55 Cather, p. 270.

＊56 Starr, "Flower studies, 1931 - 32," EGSP, Oversize Materials (SSC)

＊57 Cecelia Tichi, *Civic Passions*.

第5章　ヴィーダ・ダットン・スカダーの「融合」

＊1 スカダーの私信は処分されており、資料は以下に分散されている。Vida Dutton Scudder Papers, 1883 - 1979, Sophia Smith Collection, Smith College, Scudder Papers, The Wellesley College Archives, College Settlement Papers, Smith College, Denison House, Records, 1890 - 1984, Schlesinger Library, Radcliffe, Harvard University. ここでは著作中心にその遍歴を追った。

＊2 アメリカ女性像の変遷を作られたイメージから追った著作は、Martha Banta, *Imaging American Women: Ideas and Ideals in Cultural History*, New York : Columbia University Press, 1987, 新しい女性と礼賛されたギブソン・ガールといわれる女性像とフラッグのイラストの類似を指摘するのはMartha H. Patterson, *Beyond the Gibson Girl: Reimagining the American New Woman, 1895 - 1915*, Urbana and Chicago, University of Illinois Press, 2005. フラッグのイラストが掲載されたのは、1905年、3月23日。

＊3 Arthur Mann, *Yankee Reformers in an Urban Age*, Cambridge, MA: Harvard University Press, 1954, William L. O' Neil, *Everyone was Brave: A History of Feminism in America*, N. Y.: Quadrangle, 1969.

Committee (1910)," in *On Art, Labor and Religion*, pp. 117 - 118.

＊40 Starr, "Efforts to Standardize Chicago Restaurant—The Henrici Strike (1914)," *Survey* 32 (23May1914) : 214 - 15, *On Art, Labor and Religion*, pp. 119 - 124. Starr, "1915 Testimony by Ellen Gates Starr on Her Arrest (1915)," *On Art, Labor and Religion*, p. 127.

＊41 Alice Hamilton to Agnes Hamilton, Baltimore March 1st, 1914, in Barbara Sicherman, *Alice Hamilton: A Life in Letters*, Urbana and Chicago: University of Illinois Press, 2003, p. 174.

＊42 Starr, "The Chicago Clothing Strike (1916)," *The New Review* 4 (March 1916): 62 - 64, *On Art, Labor and Religion*, pp. 129 - 133, "Cheap Clothes and Nasty (1916)," *The New Republic* (1January, 1916) : 217 - 9, *On Art, Labor and Religion*, pp. 135 - 138. Harold L. Ickes, George H. Mead, Irwin St. J. Tucker, "Brief History of the Clothing Strike in Chicago," EGSP. Box18, Folder12, (SSC)

＊43 Sidney, Hillman to Starr, 1915, EGSP, Box9, Folder16, (SSC)

＊44 Starr, "Why I am A Socialist (1917)" *On Art, Labor, and Religion*, pp. 145 - 146. "In Memoriam Caleb Allen Starr by One of His Daughters (1915)," p.12, Ellen Gates Starr Papers, (UIC).

＊45 Clark, 前掲書、Bosch, 前掲書。あくまでも労使協調を説いたアダムズの著作の一例はJane Addams, *A Modern Lear* (1912), Chicago: Jane Addams' Hull - House Museum, 1994.

＊46 Starr, "A Bypath into the Great Roadway (1924)," *Catholic World* 19, May 1924: 177 - 90, Reprinted Chicago: Ralph Fletcher in *On Art, Labor and Religion*, pp. 167 - 200.

＊47 "Eliza Allen Starr," *On Art, Labor and Religion*, pp.159 - 166, Donald Gorrell, *The Age of Social Responsibility: Social Gospel in the Progressive Era*, 1900 - 1920, Macon, Ga. : Mercer University Press, 1988. 当時の教会批判を展開したハンティングトンはニューヨークを拠点に独自の活動(The Order of Holy Cross)を展開した。

＊48 T. J. Jackson Lears, "The Religion of Beauty: Catholic Forms and American Consciousness," *No Place of Grace: Antimodernism and the Transformation of American Culture, 1880 - 1920*, Chicago & London: The University of Chicago Press, 1981, pp. 183 - 215.

＊49 Patrick Allitt, *Catholic Converts: British and American Intellectuals Turn to Rome*, Ithaca and London: Cornell University

善の成果を移民の立場から語るのは、Hilda Satt Polacheck Epstein, Dena J. Polacheck ed. *I Came a Stranger: The Story of a Hull-House Girl*, Urbana & Chicago: University of Illinois Press, 1989, 65-66. 手仕事作品の一部は販売された。Nicholas V. Longo, "The Labor Museum," *Why Community Matters: Connecting Education with Civic Life*, Albany: State University of New York Press, 2007, pp. 63-65は地域に奉仕する博物館の事例として称えている。

＊33 "First Report of the Labor Museum, Hull House, Chicago, 1902-1902," Hull House Collection, Folder586, (UIC).

＊34 Jane Addams, "Labor Museum at Hull House," *The Commons*, 47, June 30, 1900, pp. 1-4. "First Report of the Labor Museum, Hull House, Chicago, 1901-1902," Hull House Collection, Folder 586, (UIC), Jessie Luther, "The Labor Museum at Hull House," *The Commons*, Number70, Vol. VII, May1902, pp. 1-13, Ellen Gates Starr Papers, (UIC), Marion Foster Washburn, " A Labor Museum," *The Craftsman* Vol. VI, Sep1904, p. 573, Hull House Reference Files, (UIC). フィリピン展示に関しては *Hull House Bulletin*, Vol. VII 1905-1906, No1, pp. 15-16. (UIC).

＊35 *Hull House Bulletin*, Vol. IV 1900, No3, pp. 8-9, *Hull House Bulletin*, Vol. V Semi-Annual 1902, No. 1, pp. 12-13. (UIC), 前掲 "First Report of the Labor Museum at Hull House."

＊36 Addams, "The Settlement as a Factor in the Labor Movement," *Hull-House Maps and `Papers*, pp. 138-149.

＊37 Eleanor Grace Clark, "Ellen Gates Starr and Labor," *Commonweal* (March15, 1940): 446-447, in *100 Years at Hull-House*, pp. 116-118.

＊38 Davis, "The Settlement and the Labor Movement," *Spearheads for Reform: The Social Settlements and the Progressive Movement, 1890-1914*, New York: Oxford University Press, 1967, pp. 103-122. Jennifer L. Bosch, "Ellen Gates Starr: Hull House Labor Activist," Ronald C. Kent, Sara Markham, David R. Roediger and Herbert Shapiro, *Culture, Gender, Race and U. S. Labor History*, Westport: Greenwood Press 1993, pp. 77-88.

＊39 Starr, "1910 Testimony by Ellen Gates Starr of the Picket

Examples," *Brush and Pencil: An Illustrated Magazine of the Arts of To-Day*, Vol. NO. 4, January1900, pp. 178-182, EGSP, Box18, Folder1, (SSC).

＊26 The Handicraft of Bookbinding," *Industrial Art Magazine 3* (March1915): 102-107, "The Handicraft of Bookbinding," *Industrial Art Magazine 4* (Sep. 1916): 104-107, "Bookbinding," *Industrial Art Magazine 4* (November1916): 198-200, "Bookbinding," *Industrial Art Magazine 5* (March1916): 97-113, *On Art, Labor and Religion*, pp. 89-113.

＊27 Starr, "Bookbinding (March 1916)," *On Art, Labor and Religion*, pp. 100-101. "The Handicraft of Bookbinding (Sep. 1916)," *On Art, Labor and Religion*, p. 95. "Bookbinding (March 1916)," *On Art, Labor and Religion*, p. 109. p. 13.

＊28 Starr, "The Handicraft of Bookbinding (March 1915)," *On Art, Labor and Religion*, p. 89.

＊29 Biographical Data (1916), Ellen Gates Starr Papers, (UIC) スターの製本は1冊100ドル近くの値をつけた。Boris, p. 245, no 41.

＊30 "Settlement House Reformers Critiques," Helen Lefkowitz Horowits, *Culture and the City: Cultural Philanthropy in Chicago from 1880-1917*, Chicago and London: The University of Chicago Press, 1976. Mary Ann Stankiewicz, "Art at Hull House, 1889-1901," *Woman's Art Journal*, Vol. 10, No. 1 (Spring-Summer, 1989), pp. 35-39.

＊31 Addams, *Twenty Years at Hull-House* (1910), Urbana and Chicago: University of Illinois Press, 1990, pp. 226-228. Laura B. Edgo, *A Personal Tour of Hull-House*, Mineapolis: Lerner Publications Co., 2001.

＊32 「デューイ博士のいう経験の絶え間ない再構築」の教育現場とアダムズ自身が位置づけている。Addams, *Twenty Years at Hull House*, pp. 142-147. Deegan, p. 251. Anne Durst, "The Laboratory School," *Women Educators in the Progressive Era: The Women behind Dewey's Laboratory School*, New York: Palgrave Macmillan, 2010, pp. 97-123. "The Curriculum of the Settlement House," Petra Munro Hendry, *Engendering Curriculum History*, New York and London: Routledge, 2011, pp. 162-166. 親子関係改

n. d. Humersmith Publishing Society, Reprint, Literary Licensing.

＊15 Starr, "Art and Public Schools (1892)," *On Art, Labor and Religion*. pp. 39 - 42.

＊16 Starr, "Report of the Chicago Public Art Society (1896)," *On Art, Labor and Religion*, pp. 75 - 78. CPASの創設は1894年。

＊17 Peggy Glowacki and Julia Hendry, *Hull House: Images of America*, Chicago: Arcadia Publishing, 2004, p. 23.

＊18 Starr, "Art and Democracy (1895)," *On Art, Labor and Religion*, pp. 59 - 64. John Ruskin, *The Stones of Venice* (1851 - 53), Dacapo Press, 1985.

＊19 Elizabeth Lee, "Therapeutic Beauty: Abbott Thayer, Antimodernism and the Fear of Disease," *American Art*, Vol. 18, No3 (Fall 2004) pp. 32 - 51.

＊20 Starr, "Art and Labor (1895)," *On Art, Labor and Religion*, pp. 59 - 64.

＊21 The Residents of Hull - House, A Social Settlement, *Hull - House Maps and Papers: A Presentation of Nationalities and Wages in a Congested District of Chicago, Together with Comments and Essays on Problems Growing Out of the Social Conditions*, (1895), Urbana and Chicago: University of Illinois Press, 2007. Kathryn Kish Sklar, *Florence Kelley and Nation's Work: The Rise of Women's Political Culture 1830 - 1900*, New Haven: Yale University Press, 1995.

＊22 Deegan, *Jane Addams and the Men of the Chicago School, 1892 - 1918*, New Brunswick: Transaction Books, 1990, Helen Silverberg, *Gender and American Social Science: The Formative Years*, Princeton: Princeton University Press, 1998.

＊23 Kathryn Kish Sklar, "Hull House Maps and Papers: Social Science as Women' s Work in the 1890s," *Gender and American Social Science*, pp. 127 - 155. *On Art, Labor and Religion*, P. 13.

＊24 Cecelia Tichi, *Civic Passions: Seven Who Launched Progressive America (and What They Teach Us)*, Chapel Hill: The University of North Carolina Press, 2009.

＊25 EGSP, Box18, Folder7, (SSC), Starr, "Handicraft Bookbinding and a Possible Modification (n. d.)," "Notes on Bookbinding with

＊6 T. J. Jackson Lears, *No Place of Grace: Antimodernism and the Transformation of American Culture, 1880 - 1920*, Chicago & London: University of Chicago Press, 1981. Eileen Borris, *Art and Labor: Ruskin, Morris, and the Craftsman Ideal in America*, Philadelphia: Temple University Press, 1986.

＊7 アダムズに関する近年の研究成果はMarilyn Fischer, Carol Nackenoff, and Wendy Chmielewski eds. *Jane Addams and the Practice of Democracy*, Urbana and Chicago: University of Illinois Press, 2009, Maurice Hamington, *Feminist Interpretation of Jane Addams*, University Park, Pennsylvania: The Pennsylvania State University Press, 2010. ソーシャルワークの視点で日本への影響にも言及するのは木原活信『J. アダムズの社会福祉実践　思想の研究』。

＊8 Jane Addams Museum, *Opening New World,* Stebner, *The Women of Hull House*.

＊9 シカゴにおける移民に言及するのは、Donald L. Miller, *City of the Century: the Epic of Chicago and the Making of America*, New York: Simon & Schuster, 1998. ハル・ハウス周辺の移民に関しては、後にレジデンツ自らが調査、報告書をつくることになっていく。

＊10 Jane Addams Museum, *Opening New World,* Stebner, *The Women of Hull House*.

＊11 当時の母子像人気については、Kristin Schwain, *Signs of Grace: Religion and American Art in the Gilded Age*, Ithaca & London: Cornell University Press, 2008. p. 128. 19世紀アメリカにおいて、聖母子像が敬虔で家庭的な母子像に変化し、人気を博した過程に言及している。

＊12 Jane Addams, "The Art - Work Done by Hull House, Chicago," Mary Lynn McCree Bryan and Allen F. Davis eds. *100 Years at Hull House*, Bloomington & Indiana: Indiana University Press, 1969, pp. 39 - 42. "Arts at Hull - House," *Twenty Years at Hull - House* (1910), Urbana and Chicago: University of Illinois Press, 1990, p. 214.

＊13 Starr, "A Note of Explanation," EGSP, Box18, n. d. (SSC), "Hull - House Bookbindery (1900)," *On Art, Labor, and Religion*, pp. 79 - 81.

＊14 T. J. Cobden - Sanderson, *Industrial Ideals and the Book Beautiful.*

and Oxford: Princeton University Press, 2004. トインビー・ホールおよびハル・ハウスと日本人関係者の関係にも言及するアダムズ研究は、木原活信『J. アダムズの社会福祉実践思想の研究』(東京：川島書店、1998) 革新主義運動研究の古典として挙げられるのは、Richard Hofstadter, *The Age of Reform*, New York: Alfred A. Knopf, 1955, Robert H. Wiebe, *Search for Order, 1877-1920*, New York: Hill and Wang, 1967. 20世紀初頭の全体像は、有賀夏紀『アメリカの20世紀(上) 1890 ～ 1945』(東京：中央公論新社、2002)。

＊2　スターには単独の伝記はない。"Introduction: Ellen Gates Starr and Her Journey Toward Social Justice and Beauty," Mary Jo Deegan and Ana-Maria Wahl eds, *Ellen Gates Starr: On Art, Labor, and Religion*, New Brunswick and London: Transaction Publishers, 2003, *Urban Experience in Chicago: Hull-House and Its Neighborhoods, 1889-1963*, History Website by the Jane Addams Hull-House Museum and the College of Architecture and the Arts at the University of Illinois at Chicago. ここでは上記資料と以下イリノイ大学図書館、スミス大学所収の資料を使用した。Ellen Gates Starr Papers, Hull House Collection, University of Illinois at Chicago, Chicago, Illinois (以下UIC), Ellen Gates Starr Papers, Sophia Smith Collection, Smith College, Northampton, Massachusetts (以下SSC)

＊3　Suellen Hoy, *Ellen Gates Starr: Her Later Years*, Chicago: Chicago History Museum, 2010. Hoy, "The Unknown Life of Ellen Gates Starr," in *Chicago History: The Magazine of the Chicago History Museum*, Spring 2009, Vol. xxxvi, Number 2, pp. 4-19. カトリックへの改宗は売国奴とまで言われていたため、スターも改宗の決断がためらわれたという。*Ellen Gates Starr*, p. 71.

＊4　Sydney E. Ahlstrom, *A Religious History of American People*, New York: Image Books, 1975. ピューリタンの入植に偏りがちであった視点を改めるアメリカ宗教史の全体像は森本あんり、『アメリカ・キリスト教史：理念によって建てられた国の軌跡』(東京：新教出版社、2008)、迫害を受けたアイルランド移民の歴史は、カービー・ミラー、ポール・ワグナー、『アイルランドからアメリカへ――700万アイルランド人移民の物語』茂木健訳 (東京：創元社、1998)

＊5　Hoy, *Ellen Gates Starr*.

イトルの「天使を家で殺すこと」はヴァージニア・ウルフの言葉から。p. 39.

＊43 スコットは3/ 4サイズの二部屋の小屋を作った。Okusana Paluch, *Issac Scott: American Master*, Chicago: Glessner House Museum, nd. (pamphlet), Glessner House Museum, *Frances Glessner Lee: 'A Wonderfully Rich Life': An exhibition on the many facets of the life of Frances Glessner Lee, 1878 - 1962*, " February - August2005. (pamphlet) タイトルは「振り返るとなんて豊かな人生を私は送ってきたことでしょう」と、リーが息子に晩年書いた手紙からの引用。この展示を解説するパンフレットには、リーの内面的な考察や感情を伺える記述はない。

＊44 E. S. Gardner, *The Case of the Dubious Bridegroom* (1949) 田中融二訳『怪しい花婿』東京：早川書房1976、*Family Reunion*, pp. 407.

＊45 Botz, p. 31. リーの教材は今日メリーランド法医学協会が所蔵し、年二回のセミナーが行われ警察の科学捜査に利用されている。彼らの学ぶ様子は *Of Dolls & Murder*, Written and Directed by Susan Marks,Seminal Films, 2012. 現代芸術を思わせる作品群という指摘もあるがリー自身は決して芸術作品として制作したのではないことに留意すべきであろう。

第4章　エレン・ゲイツ・スターの抵抗

＊1 ハル・ハウスの所在地は、Jane Addams Hull - House Museum, The University of Illinois at Chicago, 800 South Halsted Street, Chicago, IL. 60607 - 7017, ハル・ハウス博物館が開設100周年を記念した冊子を参照した。Jane Addams Hull - House Museum, *Opening New Worlds: Jane Addams' Hull - House*, Chicago; University of Illinois, 1989. Eleanor J. Stebner, *The Women of Hull House: A Study in Spirituality, Vocation and Friendship*, Albany: State University of New York Press, 1997. アメリカにおけるセツルメントの研究に先鞭をつけたのは、Allen F. Davis, *Spearhead of Reform: Social Settlement and Progressive Movement, 1890 - 1914*, New York: Alfred K. Knopf, 1967. イギリスでの発展は Werner Picht, *Toynbee Hall and the English Settlement*, London: G. Bell and Sons Ltd., 1914, Seth Koven, *Slumming*, Princeton

Wright' s Prairie House, 1901 - 1909, " in *American Quarterly*, Vol. 27, No 1, March 1975, pp. 57 - 74.

*31 "Servants" in GHM. クローゼットに関しては John, *The House*, p. 12.

*32 "Servants" in GHM.

*33 "Servants" in GHM, 御者には、のちにアフリカ系アメリカ人が採用されたという。

*34 Frances, *Journal*, Aug. 2, 1891, (CHM).

*35 Emma Siniger to Frances Glessner, Sep. 28, 1891, 切々と訴えるSinigerの様子はSep. 12, Sept18, 1891の手紙にもみられる。すべてフランセスの日誌に糊付けされ残されている。The Glessner family papers, Box3, (CHM). Hellen C. Callahan, "Upstairs - Downstairs in Chicago 1870 - 1907: The Glessner Household, *Chicago History*, 6. 4 (winter 1977/1978) pp. 195 - 209, p. 208.

*36 *The Rocks* (Printed Booklet), The Glessner family papers, Box16, Folder, 14, (CHM). Frances, *Journal*, Nov8, 1887, (CHM).

*37 Laura J. Miller, "Denatured Domesticity: An Account of Femininity and Physiognomy in the Interiors of Frances Glessner Lee, " in Hilde Heymen and Gulsum Baydar, *Negotiating Domesticity: Spatial Productions of Gender in Modern Architecture*, London and New York: Routledge, 2005, pp. 196 - 212. ここでは言及していないが、ジョージ(1871 - 1929)はビジネスで成功をおさめ、ニュー・ハンプシャーに移り住み州議員を務めた。アマチュア写真家であり、火災報知機の研究でも知られる。残された自宅記録写真の数々、火災から家屋を護ることへの没頭は、グレスナー家の一員として、邸宅への執着をみせている。

*38 Frances, *Journal*, Oct. 31, 1886, Nov. 7, 1886, (CHM). John, *The House*, p. 7. Frances, *Journal*, Friday, Feb11th, 1898, (CHM). *Family Reunion*, pp. 387 - 412.

*39 Corinne May Botz, *The Nutshell Studies of Unexplained Death*, New York: The Monacelli Press, 2004.

*40 Botz, p. 221.

*41 Botz, pp. 166 - 167.

*42 Botz, "Killing the Angel in the House: The Case of Frances Glessner Lee, " in *The Nutshell Studies of Unexplained Death*, タ

Movement, New York: Pantheon Books, 1979, pp. 95 - 135.

＊24 Ann Gere, *Intimate Practices: Literacy and Cultural Work in U. S. Women's Clubs, 1880 - 1920*, Urbana: University of Illinois Press, 1997, Mary Corbin Sies, "The Domestic Mission of the Privileged American Suburban Homemaker, 1877 - 1917: A Reassessment," Marilyn Ferris Motz and Pat Browne eds. *Making the American Home: Middle Class Women & Domestic Material Culture*, Bowling Green, Ohio: Bowling Green State University Popular Press, 1988, pp. 193 - 210.

＊25 John, *The House*, p. 2. Frances, *Journal*, Dec4. 1887, "First Sunday in our new home—1800 Prairie Ave." (CHM).

＊26 John, *The House*, p. 3. フランセスの日誌にはアメリカ志願兵からのセーターの礼状が残されている。Herman Whitmore to Frances Glessner, July1, 1917, The Glessner family papers, Box6, letter file 1917 - 21, (CHM).

＊27 Louise L. Stevenson, *The Victorian Homefront: American Thought and Culture 1860 - 1880*, New York: Twayne Publishers, 1991, 男女領域、公私領域の重要性とその視点を超える試みは、Linda K. Kerber, "Separate Spheres, Female Worlds, Women's Place: The Rhetoric of Women's History," *The Journal of American History*, Vol. 75, No1, June1988, pp. 9 - 39, Mary P. Ryan, "The Public and the Private Good: Across the Great Divide in Women's History," *Journal of Women's History*, Vol. 15, No. 2, Summer 2003, pp. 10 - 27, Joan B. Landes, "Further Thoughts on the Public/Private Distinction," *Journal of Women's History*, Vol. 15, No2, Summer, 2003, pp. 28 - 39, Grace Lees - Maffei, "Intro duction: Professionalization as Focus in Interior Design History," *Journal of Design History*, Vol. 21 No1, 2008, pp. 1 - 18を参照。

＊28 Kinchin, 前掲書、Stevenson, 前掲書。

＊29 「オープン・ハウス」と呼んだのはJohn, *The House*. P. 2.

＊30 こうした空間作りは、のちにフランク・ロイド・ライトに引き継がれるという。ただそこでは極度にプライベートな空間となったと指摘されている。Cheryl Robertson, "House and Home in the Arts and Crafts Era: Reforms for Simpler Living," Kaplan ed., pp. 336 - 357, Robert Twombly, "Saving the Family: Middle Class Attraction to

＊14 John, *The House*, p. 11.

＊15 John, *The House*, p. 11. Frances, *Journal*, May 15, 1885, (CHM).

＊16 Van Rensselaer, Chapter V, "European Journey," pp. 27 - 28. Catherine Lynn, *Wallpaper in America: From the Seventeenth Century to World WarI*, New York: Norton, 1980, Chap 16.

＊17 Harrington and Blessing, p. 11. John, *The House*, p. 5.

＊18 Juliet Kinchin, "Interiors: Nineteenth - Century essays on the 'masculine' and the 'feminine' room," Pat Kirkham ed. *The Gendered Object*, Manchester and New York: Manchester University Press, 1996.

＊19 John, *The House*, p. 3.

＊20 Carlo J. Callahan, "Glessner, Frances MacBeth, Jan1, 1848 - Oct20, 1932," Rima Lunin Schultz and Adele Hast eds, *Women Building Chicago, 1790 - 1990—A Biographical Dictionary*, Bloomington & Indianapolis, Indiana University Press, 2001, pp. 320 - 323. *Family Reunion*, pp. 307 - 387.

＊21 Sarah A. Leavitt, *From Catharine Beecher to Martha Stewart: A Cultural History of Domestic Advice*, Chapel Hill: University of North Carolina Press, 2002, Boris, pp. 153 - 81. フランセスが主導権を取ってデザインの変更、調度品の選択をする様子は、Frances, *Journal*, Jan2, 1887, Jan23, 1887, March 6, 1887, Apri, 21, 1887, (CHM) に顕著である。

＊22 1891年から、フランセスはシカゴ美術館でディレクターも務めた。美術の目利きとして通っていたフランセスは、シカゴ万国博覧会も開幕以前に、特別の案内で見学ができた。Callahan, "Glessner, Frances Macbeth," in *Woman Building Chicago*, James Gilbert, *Perfect Cities: Chicago's Utopias of 1893*, Chicago and London: University of Chicago Press, 1991, pp. 76 - 77.

＊23 Callahan, "Glessner, Frances MacBeth," *Women Building Chicago*.「月曜朝の読書会」での交流の様子は、*The Fortnightly of Chicago: The City and Its Women 1873 - 1993*, Fanny Butcher ed. Chicago: Henry Regnery Co., 1973, pp. 167 - 68. フランセスが中心になって女性たちのネットワークを作り上げる様子を評価している。刺繍が女性役割を保持しながら、自立を担保できる機会であったと指摘するのは、Anthe Callen, *Women Artists of the Arts and Crafts*

は“My dear George and Frances”で始まる子供宛の手紙であった。(March1923) “The House at 1800 Prairie Avenue, Chicago”と“1886 H. H. Richardson Architect”の２葉を収録し、長男ジョージが撮影した写真を掲載して出版された。本論が使用したのは1978年シカゴ建築家協会発行版。(以下John, *The House*)、John J. Glessner, *The Story of a House*, Chicago: Glessner House Museum, 2011. に再収録されている。

＊5 Robert Judson Clark and Wendy Kaplan, “Reform in Aesthetics: The Search for American Identity,” Kaplan ed. pp. 78 - 100, Judith A. Barter and Monica Obniski, “Chicago: A Bridge to the Future,” *Apostles of Beauty: Arts and Crafts form Britain to Chicago*, The Art Institute of Chicago, New Haven and London: Yale University Press, 2009, pp. 151 - 188.

＊6 “Modern Gothic: The Search for Truth and Beauty: 1873 - 1880,” Sharon Darling, *Chicago Furniture: Art, Craft & Industry, 1833 - 1983*, The Chicago Historical Society, New York and London: W. W. Norton & Company, 1984.

＊7 Frances, *Journal*, May9, 1886, (CHM). (ジャーナルは日曜日に1週間を振り返って書かれたため、４日のヘイマーケットの記述の記載日がずれる)

＊8 「シンプリシティとプロポーション」がリチャードソン建築の最大の強みとジョンが語るのは、John, *The House*, p. 5. Frances, *Journal*, Nov. 14, 1885, *Journal*, Thursday, Oct. 21, 1886, (CHM).

＊9 Mariana Griswold van Rensselaer, *Henry Hobson Richardson and His Works*, Boston, Houghton Mifflin, (1888), Mineola, N. Y.: Dover Publications, Inc, 1969. Elaine Harrington and Hedrich Blessing (Photograph), *Henry Hobson Richardson: J. J. Glessner House*, Chicago, Tubingen/Berlin: Emst Wasmuth Verla, 1993, pp. 6 - 13.

＊10 Van Rensselaer passim, 引用はHarrington p. 12.

＊11 Van Rensselaer, p. 22.「蒸気船の内装も手がけたい」と続けている。John, *The House*, p. 12.

＊12 “John Glessner” in “The Glessner Family,” (GHM), *Family Reunion*, pp. 307 - 387.

＊13 Harrington and Blessing p. 9 .

in America, Philadelphia: Temple University Press, 1986, pp. 53-81, p. 78. アーツ・アンド・クラフツ運動のアメリカ受容に関しては以下を参照した。T. J. Jackson Lears, *No Place of Grace: Antimodernism and the Transformation of American Culture, 1880-1920*, Chicago and London: The University of Chicago Press, 1981. Richard Guy Wilson, "American Arts and Crafts Architecture: Radical though Dedicated to the Cause Conservative," Wendy Kaplan ed. *"The Art that is Life": The Arts and Crafts Movement in America, 1875-1920*, Boston, New York, Toronto and London: Little Brown and Co., 1987, pp. 101-131, Janet Kardon ed. *The Ideal Home: The History of Twentieth-Century American Craft 1900-1920*, New York: Harry N. Abrams, Inc. Publishers, 1993.

*2 建築家よる設計過程を対象にした研究は、香山壽夫『建築形態の構造――ヘンリー・H・リチャードソンとアメリカの近代建築』東京：東京大学出版会、1988。外壁を「実」、内部を「虚」の形態とよび、その対立と対比構造がリチャードソン建築の特徴と見なしている。本論では「虚」にあたる空間利用の文化論を試みた。使用した資料は以下である。Glessner family papers (manuscript), 1851-1959, John Jacob Glessner collection (photographs), in Chicago History Museum, Chicago IL. 以下CHM) ここに40年にわたる妻フランセスが残した日誌(Frances Glessner, *Journal* July13, 1879-May4, 1917)が保管されている。(以下Frances, *Journal*)、グレスナー邸は現在博物館となっている。Glessner House Museum, 1800 S. Prairie Avenue, Chicago IL. 60616, http://www.glessnerhouse.org には一部基本資料が公開されている。(以下GHM)、フランセスが所属したフォートナイトリー(シカゴの女性クラブ)に関しては、Fortnightly of Chicago Records, 1869-2006, Newberry Library, Chicago, IL. J・グレスナーの孫による家系図および回顧録、Percy Maxim Lee and John Glessner Lee, *Family Reunion: An Incomplete Account of the Maxim Lee and John Glessner Lee*, Privately Printed, 1971.

*3 *Chicago Evening Journal*, July 10 1886. (GHM) あまりの建築様式の違いに、事前に許可を得てから着工すべきだと怒る住民たちの様子を伝えている。

*4 ジョンは子供たちに家の歴史と調度品の記録を残している。もと

Applewood Books, Inc. 1991.

＊27 Linda Mullins, *The Teddy Bear Men: Theodore Roosevelt and Clifford Berryman*, Grantsville, Maryland: Hobby House Press, 1987, p. 42.

＊28 *Ibid*. pp. 75 - 78. ローズヴェルトの選挙キャンペーングッズには、8センチ程度のブローチ型ミニチュアテディベアがあった。*Ibid*. p. 129. 児童心理への熊のぬいぐるみの影響とその変化を追ったものに、Donna Varga, "Savage Beasts Into Innocent Children, 1890 - 1920," *The Journal of American Culture*, Volume 32, Number2, June, 2009, pp. 98 - 113. 野性的な熊からぬいぐるみの愛らしい熊への橋渡しをした例のひとつに『ローズヴェルト・ベアーズ』シリーズを挙げている。

＊29 Eaton, *The Roosevelt Bears: Their Travels and Adventures*, p. 81.

＊30 Eaton, *The Roosevelt Bears Go to Washington*, p. 169.

＊31 *Ibid*., p. 185.

＊32 Eaton, *The Roosevelt Bears Across the Sea*, p. 44.

＊33 イースト会社の宣伝にも使われた。ケーキ作りを子供たちに教える小冊子が残る。子供たちを手伝うのは『ローズヴェルト・ベアーズ』シリーズ第4巻に登場する児童文学作品の登場人物である。*The Teddy Bears Baking School* (Compliments of The Fleischmann Co.) Copyright 1905 - 1907 by Seymour and Edward Stern & Co., Inc. マザーグースに登場する人物と熊たちがてんやわんやでケーキを作る冊子は、家庭に広くイートンの作り上げた熊たちが受け入れられている証拠であろう。幼児用カップや皿にも絵柄が使われた。Dee Hockenberry, "The Roosevelt Bears," Chapter 4, in *Enchanting Friends*, Atglen, PA: Schiffer Publishing Ltd., 1995, pp. 156 - 186.

＊34 Janice Radway, *A Feeling for Books: The - Book - of - the - Month Club, Literary Taste, and Middle - Class Desire*, Chapel Hill: University of North Carolina Press, 1997.

第3章　ジョン・J・グレスナー夫妻の理想郷

＊1 「矮小化された環境主義」と呼んだのはEileen Boris, "The Social Meaning of Design: The House Beautiful and the Craftsman Home," in *Art and Labor: Ruskin, Morris, and the Craftsman Ideal*

Booklovers Magazine, Vol. IV, No. IV, October, 1904. この巻には、タバード・イン図書館の宣伝が、ページ表示のないまま随所に掲載されている。文化に関心ある人々に支持されていることを誇り、次々と新しい本と交換できるシステムと運営方法を解説している。

＊20 Christopher Morley, *The Haunted Bookshop* (1919), New York: Doubleday, Page & Company, 1923.

＊21 Seymour Eaton, *The Home Study Circle Library: English Literature —Johnson to Dickens*, New York: The Doubleday & McClure Co., 1900, *Home Study Circle Library: American Literature —Irving, Bryant, Cooper, Emerson*, New York: The Doubleday & McClure Co., 1901 などシリーズで続いた。

＊22 川崎良孝『図書館の歴史——アメリカ編』、東京：日本図書協会、2007。Jeremy Rifkin, *The Age of Access: How the Shift from Ownership to Access Is Transforming Modern Life*, New York: Penguin, 2000, Wayne A. Wiegand, *Main Street Public Library: Community Places and Reading Spaces in the Rural Heartland, 1876-1956*, Iowa City: University of Iowa Press, 2011.

＊23 Seymour Eaton (Paul Piper), Illustrated by V. Floyd Campbell, *The Roosevelt Bears: Their Travels and Adventures* (1906), New York: Dover Publication Inc., 1979, *The Roosevelt Bears Go to Washington* (Unabridged republication of More About Teddy B and Teddy G) (1907), New York: Dover Publication Inc., 1981, *The Traveling Bears Across the Sea: Their Travels and Adventures* (1907), New York: Barse & Hopkins Publishers, 1916, *The Traveling Bears in Fairyland: Their Travels and Adventures* (1908), New York: Barse & Hopkins Publishers, 1917. 上記４冊の中から再編されたのは、*The Traveling Bears in Outdoor Sports, The Traveling Bears in New York, The Traveling Bears in the East and the West, The Advenchers of the Traveling Bears*, のタイトルがある。

＊24 Eaton, "More About These Bears," *The Roosevelt Bears Go to Washington*.

＊25 Eaton, "About These Bears," *The Roosevelt Bears: Their Travels and Adventures*.

＊26 Theodore Roosevelt, *The Strenuous Life* (1905), Bedford, Mass.:

23, 1901. W. W. Hagerty Library, Drexel University. イートンが、「1897年に退職しているにもかかわらず、ドレクセルの名をいまだ出版の際に使用し、ブックラヴァーズ・ライブラリーを展開し、大もうけしていると聞く。彼とは何のかかわりもなく、これからもかかわるつもりはない」と明言している。マッカリスターは、当時ドレクセル大学の学長。身元照会に答えた文面であろう。

＊12 Seymour Eaton, *Catalogue: The Booklovers Library*, Philadelphia, Anno Domini, 1900. 本拠はフィラデルフィアだが、ニューヨーク、シカゴ、ボストン、ブルックリン、ワシントン、セントルイス、ニューワーク、バッファロー、クリーブランド、デトロイトに支部があると記載されている。

＊13 責任者兼司書を扉で明記している。

＊14 Eaton, *Catalogue*. passim.

＊15 T. J. Jackson Lears, *No Place of Grace: Antimodernism and the Transformation of American Culture, 1880 - 1920*, Chicago: University of Chicago Press, 1981.

＊16 *The Booklovers Magazine*, Vol. 1, Jan - June 1903, Philadelphia: The Library Publishing Company, 1903. "The Man behind the Colleges," pp. 110 - 123, "The Man behind the Railroads," pp. 334 - 342, "Picture and Art Talk: How to Enjoy Pictures," pp. 31 - 41, "Rare Old Prints for a Unique Collection," pp. 606 - 621, "Ralph Waldo Emerson 1803 - 1903," pp. 148 - 181, "How to Spend a Six weeks Holiday in Europe," pp. 464 - 477, "The Great Department Store: Men, Mechanism and Methods—Managers and Management of the Modern Store," pp. 448 - 463. などのタイトルが挙がる。

＊17 "The Man behind the Magazine," *The Booklovers Magazine*, Vol. 1, No. I. Jan. 1903, Philadelphia: The Library Publishing Company, pp. 6 - 15.

＊18 Seymour Eaton, *Dan Black: Editor and Proprietor: A Story*, Philadelphia: The Library Publishing Company, 1901.

＊19 Edith Anderson Rights, "The Cover," Libraries and the Culture Record, spring 2006: 41. 2, pp. 258 - 263. タバード・イン図書館に関する数少ない情報を載せている。"The Booklovers Magazine and a Tabard Inn and A Tabard Inn "Exchangeable'Book," in *The*

＊2　イートンの自伝、伝記はない。勤務先であったDrexel University, W. W. Hagerty Library, Philadelphiaに勤務記録、担当講座の資料などわずかなものが残る。

＊3　Christopher J. Lucas, *American Higher Education: A History*, New York: Palgrave MacMillan, 2006、F・ルドルフ『アメリカ大学史』阿部美哉・阿部温子訳、東京：玉川大学出版部、2003。

＊4　Edward D. McDonald and Edward M. Hinton, *Drexel Institute of Technology 1891-1941—A Memorial History*, Philadelphia: Drexel Institute of Technology, 1942. David A. Paul, *When the Pot Boils: The Decline and Turnaround of Drexel University*, Albany: State University of New York Press, 2008, pp. 1-13.

＊5　"Minutes of the Board of Managers of the Drexel Institute of Art, Science and Industry," 1897年の4月は、昼978：夜1442、8月は、797: 1184、10月は、665: 1036などと月ごとに変動をみせているが、毎月、夜間履修登録者数が、上回っている。W. W. Hagerty Library, Drexel University, Philadelphia, Penn. U. S. A. なお理事会記録にはイートンの採用記録は残るが退職時の記載は見つからない。

＊6　"Drexel Institute of Art, Science, and Industry, Philadelphia, James MacAlister, LL. D. President, Department of Commerce and Finance, Seymour Eaton, Director, 1896-97," W. W. Hagerty Library, Drexel University所収入学者募集パンフレット。

＊7　Seymour Eaton, *One Hundred Lessons in Business*, Toronto: A. Riley, 1891.

＊8　Eaton, *Every-day Educator: A Manual of Self-Instruction and Useful Information*, Boston: W. P. Bullard & Co. Publishers, 1892.

＊9　Seymour Eaton and Evelyn S. Foster, *Five Hundred Exercises in American History: Teachers' Hand-Book Series*, Boston: Educational Publishing Co., 1890. Seymour Eaton, *How to Write Letters*, New York: Arthur Hinds & Co, 1892などが好例であろう。「疲れた教員は楽ができ、生徒には学ぶ喜びをもたらす本」と自賛している。

＊10　Matthew Schultz, *Images of America: View of Landsdowne*, Dora, New Hampshire: Arcadia Publishing, 1996, P.44. 邸宅を写真で紹介し、成功者イートンを伝えている。

＊11　James MacAlister to Professor Victor Coffin, January

American Art in the Gilded Age, Ithaca and London: Cornell University Press, 2008.

＊14 Stephen O' Connor, *Orphan Trains: The Story of Charles Loring Brace and the Children He Saved and Failed*, Boston and New York: Houghton Mifflin company, 2001.
アイルランド移民対象の孤児列車は、カトリック教会が始動するまで遅れた。また送られた先での里親との人種の違いが引き起こす事例を取り上げたものに、Linda Gordon, *The Great Arizona Orphan Abduction*, Cambridge, Mass. : Harvard University Press, 2001. メキシコ系のカトリック教徒を里親に白人児童を送り込んだことを発端に、地元の白人教徒らが、誘拐によって子供を取り返す騒ぎを扱っている。19世紀を通じて、都市の浮浪児を取り巻く環境の凄まじさは、異人種、異教徒への不安の矛先が、もっとも抵抗できない子供たちに向けられていたことを教えてくれる。売り買いのような扱いも奴隷制度の人身売買に馴染んでいた19世紀のアメリカを象徴しているだろう。

＊15 Claire Perry, *Young America: Childhood in 19th Century Art and Culture*, Cantor Arts Center: Yale University Press, 2006.

＊16 Johnson, *Ojibwe in Wisconsin* (1857), *Negro Life at the South* (1859), *A Ride for Liberty—Fugitive Slaves* (1862), Patricia Hills, *Eastman Jonson*, New York: Clarkson N. Potter, Inc., 1972.

＊17 Johnson, *Sugaring Off at the Camp* (1861-65), Brian T. Allen, *Sugaring Off: The Maple Sugar Paintings of Eastman Johnson*, New Haven and London: Yale University Press, 2004.

第2章　セイモア・イートンの青年教育

＊1 南北戦争後から20世紀初頭はアメリカ合衆国の転換期であり、その後のアメリカを決定付けたといっても過言ではない。この国民国家が自明でない時期の秩序作りの重要性を語る書物は枚挙に暇がないが、Robert H. Wiebe, *The Search for Order, 1877-1920*, New York: Hill and Wang, 1967, Daniel T. Rogers, *Atlantic Crossings: Social Politics in a Progressive Age*, Cambridge, Mass: Harvard University Press, 1998, Alan Dawley, *Changing the World: American Progressives in War and Revolution*, Princeton: Princeton University Press, 2005. などが挙げられる。

＊8 Theodor Kaufmann (1814-77), *Portrait of Hiram R.Revels* (1870), Guy C. McElroy, *Facing History: The Black Image in American Art 1710-1940*, San Francisco, CA: Bedford Arts, Publishers, 1990, p. 72.

＊9 Thomas Eakins (1836-1910), *Will Schuster and Blackman Going Shooting (1876), Facing History*, pp. 84-85, Winslow Homer (1836-1910), *Busy Bee* (1875), *Facing History*, pp. 78-79.

＊10 Shawn Michelle Smith, "Photographing the 'American Negro': Nation, Race, and Photography at the Paris Exposition of 1900," Lisa Bloom ed. *With Other Eyes: Looking at Race and Gender in Visual Culture*, Minneapolis and London: University of Minnesota Press, 1999, pp. 58-87.

＊11 アイルランド移民がその中核を担っていた消防団から広がり、数千人が暴徒化した。徴兵のためのくじ引きが行われたからである。黒人への反感を象徴するように襲撃は黒人孤児院にまで及んだ。Leslie M. Harris, *In the Shadow of Slavery: African Americans in New York, 1626-1863*, Chicago: University of Chicago Press, 2004.

＊12 Linda K. Kerber, "The Republican Mother: Women and the Enlightenment: an American Perspective," *American Quarterly*, Vol. 28, No. 2, Special Issue, (summer, 1976), pp. 187-205. Barbara Welter, "The Cult of True Womanhood: 1820-1870," in Nancy F. Cott ed. *History of Women in the United States, Vol. 4. Domestic Ideology and Domestic Work* Part1, Munich, London, New York, Paris: K. G. Saur, 1992, 48-71.「共和国の母」のイデオロギーは、建国当初、政治的に報われなかった女性たちに国家を支える家庭教育の使命感を与えたとされる。前者は、女性たちが自ら進んでこれによって社会参加を実現したとみる。後者は、市場経済の発達で、「共和国の母」の家庭的役割がよりいっそう強化され、家庭的、敬虔、従順な女性像を礼賛する状況に言及した。家庭を聖域視し、女性を家庭に縛り付けていく19世紀の女性の置かれた状況を物語る。白人中産階級層の女性たちに限られる見解である。

＊13 Thomas Eakins, *Artist Wife and His Dog* (ca. 1884-89), Curators of American Wing, Metropolitan Museum of Art, *A Walk through the American Wing*, New Haven and London: Yale University Press, 2001, p. 176. Kristin Schain, *Signs of Grace: Religion and*

【参考文献と註】

はじめに

*1　永井荷風『あめりか物語』(1905) (岩波書店2011, p. 267.)

*2　小田基『「自由の女神」物語』(晶文社1990)、ジョン・ハイアム『自由の女神のもとへ–移民とエスニシティ』(平凡社1994)

第1章　ウィリアム・T・ブロジェットの奴隷解放

*1　Emanuel Leutze (1816 - 1868), *Washington Crossing the Delaware* (1851), Curators of American Wing, Metropolitan Museum of Art, *A Walk through the American Wing*, New Haven and London: Yale University Press, 2001, pp. 158 - 159

*2　オバマ夫人演説, 2009. 5. 18. "Michelle Obama Hits the Met", abc News, may18, 2009.

*3　Eastman Johnson, *Christmas Time (The Blodgett Family)* (1864), Brooklyn Museum of Art, New York, *Eastman Johnson: Painting America*, New York: Rizzoli International Publications, 1999, p. 63.

*4　Abraham Lincoln, "Gettysburg Address (1863)," *Letters and Addresses*, New York, 1903, pp. 289 - 90, Eric Foner ed. *Voices of Freedom: A Documentary History*, New York and London: W. W. Norton & Company, 2014, p. 292.

*5　Susan Boettger, "Eastman Johnson's 'Blodgett Family', and Domestic Values during the Civil War Era," *American Art*, Vol. 6, No. 4, Fall 1992, pp. 51 - 67. Robert W. Forest, "William Tilden Blodgett and the Beginnings of the Metropolitan Museum of Art," *The Metropolitan Museum of Art Bulletin*, Vol. 1, No. 3, Feb. 1906, pp. 37 - 42.

*6　Frederick Douglass on Black Soldiers (1863), Men of Color to Arms, Broadside, Rochester, March 21, 1863, in *Voices of Freedom*, pp. 294 - 297.

*7　*Ibid.*

著 者　**杉山恵子**（すぎやま・けいこ）

1952年、札幌生まれ。恵泉女学園大学名誉教授。1975年、津田塾大学学芸学部卒業。同年アメリカ、バージニア州ランドルフ・メイコン女子大学に留学。人種差別と親日の南部社会に接し、アメリカの歴史文化への興味を深める。その後、マサチューセッツ州スミス大学を経て、ニューヨーク州コロンビア大学大学院へ進む。専攻アメリカ史。コロンビア大学大学院歴史学科修了。M.Phil. 主な著書に、『ジェシー・ターボックス・ビールズのアメリカ』（慶応大学出版会）などがある。

◆装丁　辻 聡

DMD

出窓社は、未知なる世界へ張り出し
視野を広げ、生活に潤いと充足感を
もたらす好奇心の中継地をめざします。

アメリカ、19世紀末のくびき

2019年11月22日　初版印刷
2019年12月12日　第1刷発行

著　者　杉山恵子
発行者　矢熊　晃
発行所　株式会社 出窓社
東京都国分寺市光町1-40-7-106　〒185-0034
TEL 042-505-8173　Fax 042-505-8174
http://www.demadosha.co.jp
振　替　00110-6-16880
印刷・製本　シナノ パブリッシング プレス

ISBN978-4-931178-94-6